DELIUS KLASING

Marbod Jaeger

Zu spät geschaltet

In 35 Etappen zum Rennradwahn

Delius Klasing Verlag

Bibliografische Information der Deutschen Nationalbibliothek
Die Deutsche Nationalbibliothek verzeichnet diese Publikation in der Deutschen Nationalbibliografie; detaillierte bibliografische Daten sind im Internet über http://dnb.d-nb.de abrufbar.

1. Auflage
ISBN 978-3-7688-5346-0

Lektorat: Klaus Bartelt, Ute Maack
Titelfoto: picture alliance / Image Source
Fotos: Marbod Jaeger
Umschlaggestaltung: Buchholz.Graphiker, Hamburg
Satz: Fotosatz Habeck, Hiddenhausen
Printed in Germany 2012

Vertrieb: Delius Klasing Verlag, Siekerwall 21, D - 33602 Bielefeld
Tel.: 0521/559-0, Fax: 0521/559-115
E-Mail: info@delius-klasing.de
www.delius-klasing.de

Für Wayne

»Die Kunst ist, einmal mehr aufzustehen,
als man umgeworfen wird.«

Winston Churchill

»Nimm ein Fahrrad. Du wirst es nicht bereuen,
falls du es überlebst.«

Mark Twain

Inhalt

Obwohl es sich bei sämtlichen Geschichten um wahre Begebenheiten handelt, sind alle Namen frei erfunden. Sollte dennoch jemand meinen, sich wiederzuerkennen, liegt es bestimmt daran, dass alle Radfahrer irgendwie gleich sind. Manche Erlebnisse wurden aus dramaturgischen Gründen in einer Geschichte zusammengefasst.
Die Chronologie könnte eventuell nicht ganz stimmen, denn der uns mit seinen Erinnerungen durch das Buch führende Erzähler liegt währenddessen im Krankenhaus und steht dabei vermutlich unter dem Einfluss intravenös zugeführter Dopingmittel.

Aufwärmrunde

Es ist kurz nach Mitternacht. Weit entfernt krachen die letzten Donnerschläge eines abziehenden Gewitters. Vereinzelt fallen noch einige Regentropfen. Ansonsten hört man nichts in dem belgischen Ardennendörfchen Bastogne. Außer ein paar metallisch kratzenden Schritten vor der örtlichen Filiale der ING Banque de Belgique.

Im Halbdunkel des schwachen Lichts der Straßenlaternen nähert sich beinahe geräuschlos ein Mann. Kurz darauf macht er sich an der Eingangstür zu schaffen und wirft immer wieder unruhige Blicke hinter sich und zum Himmel. Er zieht einen kleinen Gegenstand in der Größe einer Scheckkarte seitlich des Türgriffs auf und ab. Ganz eindeutig: Er manipuliert an der Sicherheitstür und will sich offenbar mitten in der Nacht Zugang verschaffen.

Da geht urplötzlich die Beleuchtung im Vorraum an, und gleichzeitig öffnet sich die automatische Tür. Ein warmer Luftstrom aus dem Innenraum der Bank ist in der feuchtkalten Nacht zu spüren. Der eigenwillig maskierte Mann nimmt einen kleinen Rucksack ab und dreht sich nun nach einem etwas größeren Gerät um, das er in die Bank schieben will.

In diesem Moment schließt sich die schwere Tür der Bank wieder mit einem satten »Klack«. Der Mann reißt verwundert die Augen auf. Damit hat er offenbar nicht gerechnet. Sein Plan scheint nicht ganz aufzugehen. Er versucht, zunehmend nervöser, nochmals mit der Karte die Tür zu öffnen, doch das raffinierte Sicherheitssystem verwehrt ihm einen erneuten Zugang innerhalb eines gewissen Zeitfensters. Jetzt muss schnell ein Entschluss gefasst werden.

Mit einer warmen Übernachtung wird es hier nichts. Dem Mann bleibt nichts anderes übrig, als wieder auf sein Rennrad zu steigen, die Regenpause für beendet zu erklären und seine Reise durch die Nacht fortzusetzen.

Ohne zu pennen durch die Ardennen. So fährt er also weiter auf seiner Tour nonstop nach Paris.

Startaufstellung

Mein Vater ist 80 Jahre alt und spielt immer noch zweimal die Woche Tennis. Das macht er schon seit seiner Jugend. Tennis scheint also ein sehr gesunder Sport zu sein. Mein Ding ist es aber nicht, nie gewesen, trotz einiger Erfolge als Heranwachsender.

Ich bin jetzt Mitte vierzig und liege im Krankenhaus. Nicht zum ersten Mal nach einem Fahrradsturz. Man vergisst oder verdrängt seine Unfälle ja gerne. Aber jetzt, wo ich darüber nachdenke, fallen sie mir alle wieder ein. Selbst mein erster Sturz als fünfjähriger Fahranfänger beim Umkurven des ersten Hindernisses meines Lebens ist mir noch präsent. Oder einer, den ich im Teenageralter hatte, als mir bei einem Rad mit Rücktrittbremse im Bergabfahren die Kette abflog, ich aber im wilden Rodeo den Absprung im Seitengraben »stehen« konnte.

Es gab sogar einen spektakulären Sturz bei einem Kinderrennen, der mir gerade wieder einfällt. Die Ziellinie war irrsinnigerweise eine Bordsteinkante. Ich hatte gewonnen, fand mich aber nach meinem Flug über einen Zaun im weichen Gebüsch wieder. Nach diesem Sieg hätte ich eigentlich das Signal des Schutzengels erkennen und meine Radfahrerkarriere sofort beenden müssen. Komisch, und ich hatte mir bis eben noch eingeredet, mein einziger Unfall sei meine Schultereckgelenksprengung vor ein paar Jahren gewesen. Als ich meinen Mountainbikefreunden im »Bombenkrater« zeigen wollte, wie man die Schanze richtig springt. Da lag ich dann mit »Tossy III«, musste die Bänder operieren lassen und konnte wochenlang nicht aufs Rad.

Aber auch bevor ich meine Leidenschaft zum Radsport entdeckte, gab es dramatischere Unfälle. Dazu gehört die Kollision mit einem Auto, das mich beim Spurwechsel übersehen hatte und mich mit der Kraft einer umstürzenden Hauswand einfach zu Boden warf. Ebenso ein Unfall, bei dem ich in eine Straßenbahnschiene geriet und nach einem Salto mortale auf dem Heck eines gelben Opel Kadett landete.

Bei dem Klassiker, dem Flug über eine sich öffnende Autotür, hatte ich noch Glück, dass zwei Notärzte in Zivil im Wagen saßen. Der Aufprall kam wie der berühmte Boxschlag in einem schwarzen Tunnel. Ich knallte gegen die Tür des Golfs und schrammte schon im nächsten Augenblick mit dem Gesicht über den Radweg. Trotz der Soforthilfe der beiden Ärzte fiel ich wiederholt in Ohnmacht und wurde mit einem Rettungswagen zur stationären Behandlung ins

Krankenhaus gebracht. Hey, die haben nicht mal das Blaulicht angemacht! Wochenlang lief ich danach mit dem aufgeschürften Gesicht eines Zombies herum.

Die Kollision mit dem fahrenden Audi war weniger schmerzhaft, aber weitaus gefährlicher. Ich kugelte durch den fließenden Verkehr einer vierspurigen Straße und glaubte, gleich sterben zu müssen. Die Innenflächen meiner Hände, mit denen ich den Großteil des Aufpralls abgefangen hatte, schmerzten noch einen ganzen Monat lang. Zum Glück hatte ich früher beim Judo das richtige Abrollen gelernt.

Der Audifahrer stieg aus, besah sich die Lackkratzer an der rechten Seite seines Wagens, beschimpfte mich, setzte sich wieder ins Auto und verschwand. Eindeutig Fahrerflucht. Es gab zwar drei Zeugen, die alle etwas anderes gesehen hatten, aber niemand hatte sich das Autokennzeichen gemerkt.

Weil mir der Audi schon vorher wegen seiner blöden Fahrweise aufgefallen war, wusste ich, aus welcher Seitenstraße er gekommen war. In den folgenden Tagen durchsuchte ich in detektivischer Kleinarbeit so lange das Viertel, bis ich den Audi mit den Lackkratzern bei der Polizei melden konnte. Als Vorbestrafter wusste der Fahrer, dass es besser war, die Aussage zu verweigern. Wenigstens erhielt ich ein Schmerzensgeld.

Bei diesen Unfällen damals war ich natürlich ohne Helm unterwegs gewesen. Ebenso bei meiner ersten MTB-Tour in den Alpen, 1988 auf dem Engadiner Höhenweg, wo ich mit Turnschuhen, Tennishose und Polohemd bekleidet den Blick in die schöne Landschaft schweifen ließ, anstatt auf den Trail zu achten. Prompt kam ich vom Weg ab und stürzte kopfüber in ein Geröllfeld. Das alles hätte viel schlimmer ausgehen können. Aber jetzt liege ich schon wieder im Krankenhaus und frage mich ernsthaft, ob Radfahren wirklich gesund ist.

1. Etappe

Anfangskilometer

Es war ein entscheidender Tag im Herbst und der Beginn einer wunderbaren Freundschaft, als ich nach meiner Mittagspause im Büro den Entschluss fasste: Jetzt werde ich ein Mountainbiker! Die Jahre davor hatte ich so gut wie überhaupt keinen Sport mehr getrieben. Der Job machte mir keinen Spaß. Das konnte so nicht weitergehen. Ich brauchte etwas, worin ich wieder Ausgleich, Anerkennung und ein positives Lebensgefühl finden konnte. So begann meine Entwicklung vom Gelegenheits- zum Freizeit-, zum Hobby-, zum Lizenz-, zum Extremradfahrer.

Als Erstes musste ein neues Rad besorgt werden. Meine Freundin wollte mich beim Einkauf unbedingt begleiten. Wohl um sicherzugehen, dass ich auch wirklich ein cooles Bike erstehen würde. Wenn sie geahnt hätte, welche Veränderung diese Anschaffung mit sich bringen würde, hätte sie mich bestimmt zum Kauf eines Klaviers zu überreden versucht.

Mit Cowboystiefeln betrat ich damals den Laden und geriet an einen Verkäufer, der mir einen ellenlangen Vortrag über Metalllegierungen hielt. Dabei war die Sache ganz einfach: 1500 D-Mark sollten investiert werden, und die Rahmenfarbe musste gut aussehen. Dass es verschiedene Schaltungen oder gar Naben gab, war mir weder bewusst noch interessierte es mich. Die passende Fitness war ja auch nicht vorhanden.

Sportkleidung bedeutete: lange, weite Jogginghosen und Baumwoll-Sweatshirts. Und in diesem Outfit fuhr ich mit meinem Freund Sven im Wald querfeldein oder über Großbaustellen wie dic angcschüttetcn Seitenwälle einer neuen Autobahn. Da stürzten wir uns Abhänge hinunter, die ich heute als unfahrbar einstufen würde. Im Sommer trugen wir nur Boxershorts, die bei solchen Aktionen gerne mal am Sattel aufrissen. Hatte das Laufrad dann einen Achter, glaubte ich, das Fahrrad hätte einen Totalschaden. Am Ende unserer Touren riefen wir uns stolz die Zahl auf unserem Tacho zu: 13 Kilometer!

In einem nächsten Schritt kauften wir uns Radbeleuchtung und konnten von da an auch im Winter abends fahren. Waren wir nicht total extrem? Es gab bestimmt niemanden außer uns, der so etwas machte, dachten wir. Aber das alles taten wir nur sporadisch.

Bis ich dann auf eine Gruppe von Leuten traf, die sich gerade erst kennengelernt hatte und die genauso naiv wie ich in die Welt des Radsports vorstieß.

In dieser Zeit sagte jemand auf einer Geburtstagsparty zu meiner Freundin: »Dein Freund fängt mit Radsport an? Den wirst du jetzt immer seltener sehen!« Sie lächelte gequält, und ich verstand nicht, was er damit ausdrücken wollte. War ich doch immer nur eine Stunde weg gewesen.

Ich saß also im Büro und dachte mir kurze Touren aus, die ich täglich nach Feierabend in die Tat umsetzte. Von der Haustür aus ging es zuerst in einen tollen minutenlangen Downhill, und schon nach wenigen Sekunden hatte ich den ätzenden Büroalltag vergessen. Langsam, ganz langsam weiteten sich die Touren und damit auch die Ortskenntnis aus.

Mein täglicher Arbeitsweg betrug damals nur 15 Kilometer. Um dem Berufsverkehr im Stadtzentrum zu entgehen, lud ich mein Rad manchmal morgens in meinen VW-Bus und fuhr die halbe Strecke mit dem Auto, um dann den restlichen Weg mit dem Fahrrad zurückzulegen. Ziemlicher Quatsch, würde ich heute dazu sagen. Meine Freundin fand das damals schon unsinnig und meinte, ich solle ausschließlich mit dem Auto fahren. Eine gute Radtrainerin wäre aus ihr wohl nicht geworden. Ihr taktischer Ratschlag bestand später immer nur aus einem »Fahr schön vorsichtig!«.

Motiviert wurde ich durch die Zeitschriften *Bike* und *Mountainbike*. Während ich abends im Bett die Fachmagazine durchblätterte, lag meine Freundin neben mir und las die *Freundin* oder irgendeine Mordgeschichte. Komisch eigentlich, dass ich mich nachts trotzdem immer sicher fühlte.

Inzwischen trug ich Radhosen mit Sitzpolster, die sich zugegebenermaßen zu Anfang anfühlten wie vollgeschissene Windeln. Nach kleinen Ausrutschern im Wald trug ich schöne gehäkelte Radhandschuhe, damit sich keine Steinchen mehr in die Handinnenflächen bohren konnten. Zu jeder Fahrt zog ich jetzt außerdem meine tolle neue Regenjacke an, auch im Sommer. Es gab ja niemanden, der mir Tipps geben konnte, und meine neuen Radfreunde waren teilweise zwar stilsicherer, aber trainingstechnisch ebenso ahnungslos wie ich.

Letztendlich war es aber diese Gruppe – sie sollte später unter dem Teamnamen »Radexpress« für Aufsehen sorgen –, die mir den richtigen Schub gab. Die Strecken wurden immer länger, das Tempo immer höher, die Wege immer komplizierter. Außerdem musste ich ein Rennrad kaufen, um auch bei den RTFs dabei sein zu können. Bei meiner ersten RTF war ich noch mit dem MTB auf Slicks gefahren, und wir hatten zwei Frauen in der Gruppe. Kein Wunder, dass sich kein Rennopa von zwei Mädels und einem »Traktor« überholen lassen wollte. Wir mussten einen 35er-Schnitt im hügeligen Gelände fahren, um alle abzuhängen. Dennoch kamen wir geschlossen zum letzten Anstieg. »Hey, ich habe 100 Kilometer auf dem Tacho!«, rief ich hocherfreut. »Und ich habe noch Kraft!« Nie zuvor war ich so weit gefahren und hatte im Peloton einen ähnlich dummen Spruch gebracht. Das Tempo zog nun dermaßen an, dass ich ganz schnell hinten rausflog. Mit der Folge, dass ich noch mehr trainierte, damit mir das nicht noch einmal passierte.

Und ich fuhr weiterhin abenteuerliche Touren mit Sven in den Alpen. Wir übernachteten bei einer Fahrt durch das Karwendel nicht in Berghütten, sondern höchstens in verfallenen Heuschobern, vorzugsweise ohne Bodenbretter, aber voller Kuhscheiße.

Noch angenehmer wurde es auf einer brillant geplanten Tour zur Uina-Schlucht Anfang Mai. Wir blieben schon kurz hinter Ischgl im knietiefen Schnee stecken. Also schliefen wir wie gewohnt erst mal in einer verfallenen Hütte, ohnehin total übermüdet von der nächtlichen Anreise auf der Autobahn. Außerdem konnten wir die Bikes nur in den ganz frühen Morgenstunden ohne allzu tief einzusinken über den dann noch gefrorenen Schnee zum Futschölpass schieben und tragen.

Während dieser Strapazen schrien wir uns lautstark an und schworen uns, ähnliche Touren nie wieder mit dem jeweils anderen zu machen. Vermutlich in höchster Lawinengefahr bewegten wir uns nur schrittweise vorwärts und brachen immer wieder bis zur Hüfte in den Schnee ein. Eine Gruppe von Skitourengehern grüßte uns wortlos beim Überholen. Hysterische Lachanfälle überkamen uns angesichts der schier endlos scheinenden weißen Weite vor uns. Aber letzten Endes erreichten wir irgendwann auf der anderen Seite einen fahrbaren Pfad in Richtung Unterengadiner Tal und waren die glücklichsten Menschen der Welt.

In der berüchtigten Uina-Schlucht gab es dann angesichts der Schneemassen endgültig kein Weiterkommen mehr. Wir mussten umkehren. Nach einer weiteren Nacht in einer zugigen Scheune bekamen wir auf dem Rückweg über das Zemblasjoch wieder eine traumhafte Schneelandschaft präsentiert. Die Frau im Verkehrsamt von Samnaun hatte noch gesagt, ein Durchkommen sei unmöglich. Die hatten doch alle keine Ahnung!

Es folgten erste Teilnahmen an Rennen. Bei der Inspektion der Strecke am Vorabend des Uphill-Rennens war ich mir sicher: NIEMAND außer mir würde die steile Skipiste überhaupt hochfahren können. Auf dem Parkplatz einer Bergbahn bei St. Moritz erfolgte ein Le-Mans-Start. Ich war zwar nicht, wie ich mir vorgenommen hatte, als Erster bei meinem Bike, lag aber nach der zweiten Kurve in Führung. Die wollte ich nun nicht mehr abgeben, was mir auch bis zur nächsten Ecke gelang, wo der eigentliche Anstieg begann.

Den Zuschauern war ich mit meiner gefleckten Kuh-Hose längst aufgefallen. Doch nun wurde ich ganz schnell selbst zum Zuschauer. Die Hälfte des Feldes war nämlich in der Lage, das Tempo auch im Anstieg hoch zu halten und reichte mich durch wie einen stehenden Eimer. Ich traute mich nicht, mich umzusehen, in der Angst, längst Letzter zu sein, und war froh, die Rampen hochzukommen, ohne absteigen zu müssen.

Ein paar Körner hatte ich mir für den Zielsprint aufgehoben. Wozu eigentlich? Ich wurde bester Deutscher, wobei ich nicht mehr weiß, ob überhaupt noch ein weiterer am Start war. Das nächste Rennen gewann ich dann sogar in meiner Altersklasse. Auf Fuerteventura. Der Prophet gilt eben nur in der Ferne etwas ...

Ein erster Tipp:
Hast du beim Radfahren Seitenstechen,
steig' niemals als, sonst musst du brechen!

AMERICAN CLASSIC

2. Etappe

Mallorca

Ganz allmählich bekam ich Probleme, das neue Hobby mit meiner Beziehung in Einklang zu bringen. Während die Trainingspartner Singles oder gemeinsam fahrende Paare waren, musste ich an Wochenenden auch immer genug Zeit für meine Freundin reservieren. Wurde dann ein zweiwöchiges Trainingslager vorgeschlagen, war die Teilnahme für mich so gut wie unmöglich. Und ich wollte doch so gerne dazugehören.

Da erschien im Magazin *Tour* der klimatechnisch fragwürdige Reisetipp für ein Last-Minute-Weekend auf Mallorca. Ich war begeistert. Das bedeutete ja nur eine Übernachtung außer Haus. Aber am meisten beeindruckte mich das Foto, auf dem der Redakteur in Radklamotten im Flugzeug saß.

Am Samstag ging es in aller Herrgottsfrühe los. Ich fuhr also am 1. April im dünnen Radtrikot zum 30 Kilometer entfernten Düsseldorfer Flughafen und buchte Hin- und Rückflug für 99 D-Mark. Mein gerade neu gekauftes Cannondale gab ich so, wie es war, am Sondergepäckschalter ab und bekam es auf Mallorca tatsächlich fahrbereit und ohne Kratzer wieder ausgehändigt. Auf weiteres Gepäck musste ich ja nicht warten, und so fuhr ich direkt durch die Eingangshalle hinaus in die Sonne. Zu Hause hatte es bereits wochenlang geregnet.

Die erste Aufgabe bestand nun darin, eine Straße zu finden, die vom Flughafen weg und dabei nicht direkt auf die Autobahn führte. Solche Wege gibt es erstaunlicherweise an allen Flughäfen. In meinem kleinen Rucksack hatte ich keine einzige Peseta und außer Proviant für zwei Tage nur noch einen Schlafsack, den ich abends nach einem langen Fahrtag am Scheitelpunkt der spektakulären Serpentinenstraße nach Sa Calobra ausrollte.

Zwar hatte mir meine Schwester die Adresse einer Freundin gegeben, auf deren herrschaftlicher Finca ich hätte übernachten dürfen, aber man kennt das ja: Erst kommt die Einladung zum ausgiebigen Frühstück, und dann kann man ja nicht gleich unhöflich wieder abhauen. Ich wollte keine Zeit verlieren und stattdessen lieber mehr Kilometer machen. Außerdem hätte meine Freundin es bestimmt blöd gefunden, wenn ich bei einer anderen Frau geschlafen hätte. Ob sie es aber besser fand, dass ich nun einsam und allein im Gebirge lag?

Die Nacht wurde eisig kalt. Kurz nach Sonnenuntergang war die Temperatur bereits so sehr gefallen, dass der Komfortbereich meines leichten Schlafsacks längst unterschritten war. Zum ersten Mal im Leben schlief ich unter freiem

Himmel. In der sternenklaren Nacht konnte ich deutlich Satelliten um die Erde kreisen sehen. Ich zitterte stundenlang der Morgendämmerung entgegen. Meinen Schlafplatz im Schachtelhalmgras hatte ich so gewählt, dass mich die ersten Sonnenstrahlen des neuen Tages sofort treffen würden. Es dauerte aber noch eine Stunde, bis die Sonne genug Power hatte, einen durchgefrorenen Radler in kurz-kurz während der ersten Abfahrt zu wärmen. Ich fuhr noch zum Cap Formentor, bis die Kälte endgültig aus den Knochen vertrieben war.

Dann wurde es auch schon wieder Zeit, nach Palma zurückzukehren, um den Rückflug nicht zu verpassen. Auf dem Weg dorthin mischte ich, anstatt deren Windschatten zu nutzen, einige Radgruppen auf. Das führte unweigerlich zu einer Unterzuckerung und später auch noch zu einem kleinen Sturz. Mit blutverschmiertem Knie und bestimmt ganz schön stinkend saß ich nach insgesamt 378 Kilometern wieder im Flieger. Ja, ich hatte es der Putzfraueninsel richtig gegeben! Bisher hatte ich immer eine Abneigung gegen diese Destination gehabt, und meine Tour sollte ausdrücken, wie Mallorca abzuhandeln wäre.

Aber Mallorca ist zweifelsfrei DAS Ziel für Rennradfahrer. Und in den folgenden Jahren probierte ich auf der Insel noch weitere Reise- und Trainingsformen aus. Meine Freundin als passiven Gast mit ins Radsporthotel Hürzeler zu nehmen, war beispielsweise keine gute Idee. Während die anderen nach den Ausfahrten zum Zwecke der Regeneration die Beine hochlegten, um am nächsten Tag in Randa oder beim Küstenklassiker zur Attacke blasen zu können, stand für mich nach der Rückkehr ins Hotel noch ein komplettes Touri-Programm auf dem Plan. Und so stand ich mir vor Schuhgeschäften und anderen Sehenswürdigkeiten die Füße platt, während mir das angestaute Laktat der Schwerkraft folgend in die Unterschenkel sackte.

Wir haben es zu zweit auch mit einer kleinen Unterkunft und Selbstversorgung versucht. In dieser Variante fuhr meine Freundin im Leihwagen mit Tempo 50 und geöffneter Heckklappe vor mir her, damit ich schneller auf meine gewünschte Tageskilometerleistung kam. Den Rest des Tages bemühte ich mich, die Stimmung hochzuhalten und auch ihr das Gefühl zu geben, auf ihre Urlaubskosten zu kommen. Im Grunde war es aber ein Teufelskreis. Wenn ich vom Rad runtermusste, um mit meiner Freundin etwas zu unternehmen, wäre ich immer gerne noch weitergefahren und blickte jedem Radfahrer neidisch hinterher. Hing ich aber mit dicken Beinen im Windschatten meiner Freunde und drohte, jeden Moment wegzuplatzen, dann sehnte ich mich so sehr nach meiner schönen radfreien Parallelwelt.

Beim nächsten Trainingslager des Radexpress war ich dann mit dabei. Irgendwie war für mich jede Ausfahrt ein Rennen. Über Begriffe wie Grundlage, Schwelle und Pulskontrolle wurde zwar in allabendlicher Runde doziert, doch spätestens wenn am nächsten Tag ein anderer Radfahrer oder gar eine ganze Gruppe in Sichtweite kam, hieß es für mich nur noch Anschlag, Maximalbelastung und Laktatspülung. Die Hackordnung musste jeden Tag erneut festgelegt werden. Alle anderen waren doof, wir waren die Besten, und das sollte jeder sehen oder zu spüren bekommen.

Wenn ich allein unterwegs war, konnte mir die Tour nie lange genug dauern. Ich wollte an der frischen Luft bleiben und möglichst viele Kilometer fahren. Mit meiner Trainingsgruppe ging es aber eher darum, eine möglichst hohe Durchschnittsgeschwindigkeit zu fahren und sich unter gar keinen Umständen überholen zu lassen. Da sehnte ich immer schon recht bald das Ende der Runde herbei. Das wiederum war natürlich sehr im Interesse meiner Freundin. Ihr war es plötzlich sehr recht, dass ich mich dem Tempodiktat der anderen unterordnete und so tatsächlich immer zur verabredeten Zeit zurückkehrte, statt eine oder zwei oder drei Stunden später.

Mit dem Radexpress bin ich in den folgenden Jahren auch nach Zypern gereist. Wir wollten ausprobieren, ob sich die Insel für ein Frühjahrstraining eignete. Dani meinte, im östlichen Mittelmeer regne es weniger, und wurde in dieser Ansicht von Jörg unterstützt. Rainer wollte mal etwas anderes als immer nur Mallorca sehen. Frank und Roger war das Ziel eigentlich egal, sie hatten aber erfahren, dass auch das *Tour*-Trainingslager dieses Jahr auf Zypern sein würde. Nur Horst wollte partout nach Mallorca und kam nicht mit. Ich wäre überall mit hingekommen. Hauptsache Sport mit Gleichgesinnten!

Schon während der Anreise fühlten wir uns wie ein Profiteam, und ganz sicherlich sahen wir für die Gäste der *Tour*, die im Nachbardorf im Hotel logierten, auch so aus. Die Insel unterschied sich nicht großartig vom Radrevier Mallorcas. Es gab kurvige, auf Klosterberge führende Stichstraßen, auf denen man den Bergkönig ermitteln konnte, Zitrusplantagen, einsame Gebirgszüge und eine windige Küstenstraßc. Insgesamt war der Asphalt aber in einem schlechteren Zustand, die Berge waren endlos steil, und ständig wehte ein strammer Wind aus Westen. Zudem trugen die Schilder gewöhnungsbedürftige griechische Buchstaben. Und gefährlich war es auch. Manuel brach sich in den engen Gassen von Tochni die Hand. Roger, der Pechvogel, fuhr an letzter Position unserer Einerreihe durch ein Kleingewerbegebiet, als er sich einen dicken Nagel durch Reifen, Schlauch und Felge (!) bohrte. Über einen achtlos hingeworfenen Haufen Nägel waren wir anderen zuvor noch schadlos hinweggefahren.

In den folgenden Tagen kämpften wir erst mit dem Linksverkehr und dann die *Tour*-Truppe nieder und machten uns damit ziemlich unbeliebt. Das hätten wir die ganze Woche so weitertreiben können, wenn es nicht wie blöd geregnet hätte.

Mein Radverein aus Dortmund fuhr jedes Jahr in ein größeres Häuschen nach Südfrankreich. Das probierte ich als Nächstes aus. Weil kaum andere Radfahrer auf der Straße waren, blieb uns nichts anderes übrig, als uns gegenseitig aus den Schuhen zu fahren. Abends ließen die Jungs dann alle den Macho raushängen und zeigten, dass sie von Haushalt nichts verstanden. Kette putzen, ja. Aber Geschirr abtrocknen? Ich hatte einen einfachen Speiseplan mit täglich Nudeln und Soße erwartet. Aber der Hobbychefkoch der Truppe überforderte die Geschmacksnerven der Mannschaft mit exquisiten französischen Spezialitäten. Gemeinschaftskasse sollte man auch besser nur mit seinen engsten Freunden machen.

Dafür fuhren wir in der Provence so schöne Ziele wie die Gorges du Verdon an. Auf den halben Kilometer genau wurde der Streckenverlauf vorausberechnet, aber mangels Sprachkenntnissen hatte niemand auf den Wetterbericht geachtet. Am berühmten »weit entferntesten Punkt« wurden wir deshalb in frühsommerlicher Kleidung von einem Schneeschauer überrascht. Jetzt musste jeder selbst sehen, wo er blieb.

Es war ein Tag, an dem Legenden geboren wurden. Erstaunlich, dass es keine Toten gab. Wer zuerst kam, konnte seine Schuhe am Kamin in optimaler Position zum Trocknen bringen, die anderen hatten am nächsten Tag eben immer noch nasse Füße.

Diese Trainingsreisen unternahm ich längst ohne Begleitung meiner Freundin. Um noch exzessiver fahren und meine eigenen Radreiseziele ohne Diskussion erreichen zu können, war ich inzwischen des Öfteren ganz allein unterwegs.

So reiste ich auch allein zur ultimativen Herausforderung der Provence, dem Mont Ventoux. Horst, nach eigenen Angaben sachkundiger Experte, hatte mich daheim eindringlich gewarnt: Der Mistral würde eine Befahrung quasi unmöglich machen! Im Fernsehen sah das doch immer so leicht und irgendwie flach aus. Und nur wer gedopt war, erreichte den Gipfel nicht, sondern musste kurz vorher an den Bergflanken sterben. Ich hatte also nichts zu befürchten, da war ich mir sicher. Das letzte Durchfallzäpfchen war schon Jahrzehnte her. Und viele andere Radfahrer aus aller Herren Länder schienen am Ventoux auch nichts zu befürchten.

Die Auffahrt auf diesen Berg war aber ein einziger Kampf. Wie machten das nur all die anderen Radfahrer, deren Kondition größtenteils viel schlechter wirkte? Ein besonders alter Franzose fuhr so langsam den Berg hinauf, dass ich fürchtete, er würde den Gipfel in diesem Leben nicht mehr erreichen.

Ab dem Chalet Reynard begann dann der ultimative Showdown. Weißbeinige Wadenpelzträger entstiegen dort ihren Autos und wollten denjenigen, die von Bedoin oder Sault kommend bereits Körner gelassen hatten, das Leben schwer machen, während diejenigen, die in Malaucène gestartet waren, auf ihrer Abfahrt entgegenkamen und blasiert guckten. Auf dem Asphalt konnte man immer noch die aufgemalten Anfeuerungen für Ulle und Lance lesen. Und auf den letzten sechs Kilometern standen insgesamt vier Profifotografen, die jeden ablichteten und ins Internet stellten.

Unglaublich, wer dort so alles mit einem Rad unterwegs war! Halb nackte Frauen waren ja noch sehr reizvoll. Aber sämtliche Dresscode-Sünder versuchten, hier ganz groß rauszukommen und die Leistung ihres Lebens zu bringen. Für einen halbwegs trainierten Fahrer waren sie einerseits willige Opfer, andererseits suggerierten sie mir, ich käme schnell voran.

Für solch ein Erlebnis musste ich auf Mallorca nie weit fahren. Dort scheint immer RTF zu sein. In alle Richtungen.

3. Etappe

Autofahrer

Eingequetscht zwischen meinen Geschwistern saß ich als kleiner Junge hinten im Auto meiner Eltern und sah oft sehnsuchtsvoll mit großen Kinderaugen Rennradfahrern nach, wie sie mit ihren chromblitzenden Geräten auf Serpentinenstraßen in den Dolomiten oder durch das liebliche Felderbachtal im Niederbergischen Land fuhren, während ich nicht nur Sonntagsspaziergänge hinter mich bringen musste, sondern nun auch noch gefangen in diesem Auto war. Dieses Gefühl des Gefangenseins hatte ich auch, wenn ich mit meiner Freundin im Auto saß. Von Stau ganz zu schweigen. Ich wollte immer raus. Freiheit im Verkehr verspricht nur das Fahrrad. Und ich glaube, insgeheim weiß das jeder Autofahrer. Auch stellte ich fest, dass die Fahrt mit dem Auto immer schon zur Arbeitszeit gehört, während der Feierabend in der Sekunde einsetzt, wenn man sich auf sein Rad setzen kann.

Um täglich lange genug auf dem Rad sitzen und in diesem Lebensgefühl richtig aufgehen zu können, hatte ich angefangen, mit dem Rad morgens von Wuppertal nach Düsseldorf zur Arbeit zu fahren. Das machte sogar doppelt Sinn. Erstens war ich aufgrund der allmorgendlichen Stausituation genauso schnell am Ziel wie mit dem Auto, und zweitens konnte ich die Zeit, die ich im Auto verbracht hätte, zum Training nutzen. Für meine Beziehung war das also eher förderlich, denn mittlerweile kam mein Verhalten meiner Freundin zunehmend befremdlicher vor. Auch die Kollegen konnten nicht nachvollziehen, was so toll daran sein sollte, morgens bei Regenwetter das Auto stehen zu lassen. Argumente wie Sauerstoffdusche oder Endorphindröhnung verstanden die Couch-Potatoes nicht. Sie waren eben leidenschaftliche Autofahrer.

Und mit dieser Gattung geriet ich während der Rushhour immer wieder aneinander, wenn ich mich weigerte, Radwege zu benutzen, oder wenn ich wie geistesgestört durch die langen Staureihen schoss. Ich kannte irgendwann die Ampelschaltungen und wusste, wie schnell man wo fahren musste, um die grüne Welle zu halten. Mit Rücksicht kam man da nicht weiter, zumal jeden Morgen die Stoppuhr lief, um im Düsseldorfer Innenstadtverkehr eine neue Rekordzeit aufzustellen.

Ein Mercedesfahrer aus Mettmann wollte mich eines Morgens unbedingt auf den miserablen Radweg zwingen. Ja, genau dorthin, wo man von den aus den Seitenstraßen anrauschenden Autos so gerne übersehen wird. Sowieso ist das definitiv keine Option für jemanden, der sich nicht ausbremsen lassen will. Nach mehreren geschickten Ausweich- und Überholmanövern meinerseits war es nur noch eine Frage der Zeit, wer zuerst ausrasten würde.

Es war der Mercedesfahrer, der den entscheidenden Zug machte und sich mit quietschenden Reifen so vor mir quer stellte, dass kein Vorbeifahren mehr möglich war. Na, jetzt konnte ich ihm mal schön die Meinung sagen! Welche der Typ aber gar nicht hören wollte. Stattdessen krempelte er die Ärmel seiner Lederjacke hoch und entblößte seine tätowierten Unterarme. Radschuhe und ein Rucksack sind eine denkbar ungünstige Kampfmontur. Außerdem bin ich kein guter Hooligan. Ich würde wohl bei jedem Schlag besorgt nachfragen, ob's wehgetan hat.

Also versuchte ich, zu deeskalieren. »Alter, es ist doch Freitag!«, schien mir der geeignete Einstiegssatz zu sein. Nachdem ich ihm auch noch bestätigte, dass er den Kampf mit Sicherheit gewonnen hätte, und weitere nette Worte für ihn fand, kam heraus, dass auch er manchmal Rad fuhr. Na also, da hatten wir ihn doch gefunden, den gemeinsamen Nenner! Abschließend musste ich noch eine Versöhnungsumarmung über mich ergehen lassen. Ich hatte nun einen neuen Freund, und wir konnten beide weiterfahren.

Nachdem ich die Arbeitsstelle gewechselt hatte, musste ich morgens bis nach Köln fahren, was mit 58 Kilometern einfacher Strecke gleich doppelt so weit war wie vorher. Ich musste deshalb eine Stunde früher aufstehen, wenn ich nicht das Auto benutzen wollte, das bei der Streckenlänge gut doppelt so schnell gewesen wäre. Insofern hatte meine Freundin wenig Verständnis, denn sie wurde regelmäßig wach, wenn ich um halb sechs das Haus verließ. Aber zumindest im Sommer war es mir so möglich, an einem ganz normalen Arbeitstag über 200 Kilometer zu fahren, wenn ich es nachmittags noch rechtzeitig zum Treffpunkt der Trainingsgruppe schaffte.

Die Fahrten zur Arbeitsstelle waren alles andere als landschaftliche Attraktionen und die Konflikte mit den Autofahrern allgegenwärtig. Also verlegte ich neuerdings den Rückweg auf eine schönere Strecke. Die war zwar ein Umweg, aber bis zur »Tagesschau« war ich meist wieder zu Hause, sofern ich nicht noch ein Abendtraining mit den Freunden absolvierte. Vermutlich dachte meine Freundin, diese Phase hätte bald ein Ende. So idiotisch konnte ich doch wohl nicht sein.

Doch bald fuhr ich auch an den Wochenenden weiter. Dann natürlich über ausgesucht schöne und verkehrsarme Strecken, wo es trotzdem zu Auseinandersetzungen mit Autofahrern kommen konnte. Ein Von-der-Straße-Hupen durften wir uns natürlich nicht bieten lassen, und gerne wurden den Autofahrern die klebrigen Inhalte unserer Trinkflaschen an die Seitenscheiben gespritzt. Es war zweifellos die wesentlich bessere Strategie, Angriffe von Autofahrern möglichst zu ignorieren und dann auch schnell wieder zu vergessen, als sich großartig aufzuregen, den Puls unnötig in die Höhe zu treiben, womöglich eine Sachbeschädigung zu begehen, sich in Gefahr zu bringen, dass der Autofahrer am Ende noch sein Auto als Waffe einsetzte, und sich so stimmungsmäßig den halben Sonntag zu versauen. Aber in der Radgruppe waren sich nicht immer alle einig, und die Reaktionen waren vorher ja auch nie abgesprochen.

Die hupend vorbeifahrenden Autofahrer dachten meistens nicht daran, dass man sich womöglich schon eine Minute später an einer roten Ampel wiedersehen könnte. Das Rentnerehepaar aus Dortmund war jedenfalls sehr überrascht, als plötzlich der eben noch wegen gefahrener Doppelreihe übel geschnittene und angehupte Radverein nun zur Hälfte auf seiner Motorhaube hing und an Außenspiegeln und Wischerblättern zerrte, während die andere Hälfte penetrant auf das Autodach trommelte.

Oft war mir aber in solchen Situationen das rabiate Verhalten meiner Begleiter sehr peinlich. Wenn das Ansehen der Radfahrer im Straßenverkehr auf diese Weise mal wieder in Misskredit gebracht wurde, war es mir unangenehm, dabei zu sein. Es waren oft nur einige wenige Radfahrer, die durch ihr gewalttätiges Verhalten die ganze Gruppe in Schwierigkeiten brachten.

Die Machtverhältnisse zwischen Auto- und Radfahrern haben jedes Mal anders ausgesehen. Während einer RTF überholte uns bei strahlendem Sonnenschein ein Auto und bespritzte uns absichtlich mit seiner zur Seite gestellten Wischwasserdüse. Unappetitlicher Spüligeschmack in Mund. Natürlich war 500 Meter später die Ampel rot und der Autofahrer den aggressiven Gegenreaktionen einer Horde Radfahrer ausgesetzt. Besonnene Zeitgenossen wie ich fuhren zwar unbeteiligt gleich weiter, konnten aber aus den Augenwinkeln erkennen, wie der panisch gewordene Autofahrer bei Rot auf die befahrene Kreuzung fuhr, während ihm noch ein RTF-Fahrer vorne auf der Motorhaube hing. Die Straßen von San Francisco sind ein Dreck dagegen, Hollywoodaction vom Feinsten.

Später hatte ich einen neuen Job mit versetzten Arbeitszeiten. Die Firma lag im Neandertal. Jetzt konnte ich vormittags ordentlich im Bergischen Land trainieren, musste aber spätabends eine Heimfahrt im Dunkeln antreten. Ich fuhr nach 21 Uhr beleuchtet wie ein Christbaum über einen schmalen asphaltierten Feldweg, als mir so ein richtiger Neandertaler mit deutlich überhöhter Geschwindigkeit und Fernlicht entgegenkam. In den morastigen Wegrand ausweichen wollte ich für so einen Rüpel nicht. Er wollte sich andererseits sein Auto nicht dreckig machen.

Es wurde wahnsinnig eng. Ein Wunder, dass ich, geblendet wie ich war, überhaupt heil an ihm vorbeikam. Aus dem Fahrzeug dröhnte laute Musik. Wir brüllten uns das obligatorische »Arschloch!« – »Arschloch!« zu. Da es eine

Anliegerstraße war, wo der Typ mit Sicherheit nichts zu suchen hatte, wähnte ich mich im Recht. 100 Meter weiter bemerkte ich, wie das Auto umständlich auf dem schmalen Weg zu wenden versuchte. Verdammt, was wollte der jetzt von mir?!? Ich war im Nirgendwo und die Februarnacht pechschwarz.

Es war aber nur ein Kilometer bis zum nächsten Dorf mit Straßenbeleuchtung. Hinter mir heulte der Motor laut auf. Ich fuhr den längsten und schnellsten Sprint meines Lebens. Verstecken war unmöglich. Außerdem hatte ich ja überall Reflektoren. Jetzt hatte mich schon sein Scheinwerferlicht erfasst. Ich gewann den Teilabschnitt und erreichte die Dorfstraße, bevor der Wagen mich eingeholt hatte. Gerettet? Es ging nun leicht bergab, und ich setzte die Flucht fort, weil ich keinerlei Ahnung hatte, wie viele Neandertaler da im Verfolgerfahrzeug saßen. Das Auto war bei Tempo 50 nun so dicht hinter mir, dass ich die Stoßstange zwischen meinen Beinen hindurch sehen konnte. Mist, der war wohl schneller! Jetzt setzte der Panzer zum Überholen an. Mit quietschenden Reifen wollte er mich ausbremsen, doch ich sprang auf den Bürgersteig und war wieder vor ihm.

Dann begann das Spielchen von vorne. Das Gefälle war aber gleich zu Ende. Ewig würde ich ihm nicht wegfahren können. Außerdem würden wir bald das Dorf hinter uns lassen. Als das gefährliche Auto erneut mit einer tollen Stuntperformance vor mir zum Stehen kam, war mir längst klar, wozu er mich zwingen wollte. Und mir war ebenso klar, dass ich einen weiteren Angriff vielleicht nicht überleben würde. Okay, dann musste die Sache jetzt also geklärt werden. Puls 190. Ich war schon fix und fertig, bevor der Typ androhte, mir sofort die Fresse zu polieren.

Langsam erfasste ich die Situation. Es war nur ein Neandertaler, der seiner auf dem Beifahrersitz beschämt zur Seite guckenden Freundin mal so richtig imponieren wollte. Nun sah ich auch, dass es gar kein Porsche Cayenne, sondern nur ein Fiat Cinquecento war. Unglaublich! Das hatte sich aber eben ganz anders angefühlt. Die Situation kannte ich ja schon, der Typ musste jetzt irgendwie zum Sieger erklärt und irgendein Fehlverhalten meinerseits eingeräumt werden, damit er mit stolzer Brust zu seiner Freundin ins Auto steigen konnte, die inzwischen am liebsten durchs Bodenblech verschwunden wäre.

Weil ich mir aber nicht sicher war, ob der Typ nicht noch mal umkehren würde, um mich doch lieber über den Haufen zu fahren, rief ich bei der Polizei an, um das Nummernschild durchzugeben. Kurze Schilderung des Vorfalls. »Wie, Sie sind nicht verletzt?«, ließ sich eine leichte Enttäuschung am anderen Ende der Leitung raushören. Dieser Autofahrer war den Beamten kein Unbekannter, und so kam es zum Prozess mit Führerscheinentzug und mehreren Tagessätzen. Gott kann so gerecht sein!

Manchmal reicht schon die bloße Anwesenheit eines Radfahrers auf der Straße aus, um einen Autofahrer zu provozieren. Überholen ohne jeglichen Sicherheitsabstand scheint ein probates Mittel der CO_2-Emittenten zu sein, um jeden Radfahrer auf der Straße zur Räson zu bringen. Damit man sich ein für alle Mal in Luft auflöst, oder was?! Das Benzin ist einfach noch zu billig!

Kein Wunder also, dass auch ich irgendwann zum Straßenkämpfer wurde. Die übliche Szene: Obwohl wir gerade brav in Einerreihe fuhren und genügend Platz für einen Schwertransporter in XXL gewesen wäre, überholte uns ein Auto auf einer äußerst breiten Ausfallstraße dermaßen knapp, dass ich schon dachte, sein Außenspiegel wäre ein Teil meines Lenkers. Und natürlich, 500 Meter später, Ampel rot! Hätte ich dazu jetzt echt nichts sagen sollen? Doch! Ich wollte ihn fragen, was er sich dabei gedacht hatte. Aber dazu kam ich gar nicht, weil er mich schon anbrüllte, er wolle mich gleich vom Rad holen. Unwillkürlich drückte ich auf die Trinkflasche in meiner Hand. Zu meiner großen Überraschung, aber auch zu meiner besonderen Freude, weil es einmalig schön war, hatte ich wohl etwas zu fest gedrückt, sodass ein satter Wasserstrahl direkt in seinen Mund den ungehobelten Redeschwall mit einem blubbernden Geräusch erstickte.

GRUYÈRE
CYCLING
Tour
radexpress

4. Etappe

Trainingsgruppe

Als Kinder hatten wir uns ein Spiel ausgedacht, bei dem man sich mit seinem Fahrrad auf einer schrägen Fläche bewegen musste, ohne den Fuß abzusetzen. Die Sache wurde dadurch erschwert, dass die anderen Kinder einen schubsen, rempeln und abdrängen durften. Wer zehn Mal mit dem Fuß den Boden berührt hatte, musste die Fläche verlassen. Eines Tages erschien ein neues Kind auf der Fläche, das offenbar gerade ein Fahrrad zum Geburtstag bekommen hatte. Wer an diesem Tag gewonnen hat, weiß ich nicht mehr. Aber ich weiß noch, wer als Erster aussteigen musste und dass es die ganze Zeit an einem neuen Rad geklirrt und gekracht hat.

Nach diesem Verhaltensmuster lief es auch in meiner geliebten Trainingsgruppe ab, wenn sich der Radexpress zu gemeinsamen Ausfahrten traf. Tauchte ein neues Gesicht auf oder kam einer von uns auf die Idee, einen der Gruppe unbekannten Freund mitzubringen, war Großkampftag. Erst wurde der Aspirant mit der Ansage »locker und flach« hinters Licht geführt, und dann ging es auch schon zur Sache.

Wenn ein Neuer am Start war, guckte ich sofort, ob ich für heute genug zu trinken dabeihatte, horchte in mich hinein, ob die Beine wohl mitmachen würden, und vermied es, allzu nett zu ihm zu sein. Denn das hätte womöglich dazu geführt, dass ich mich am Berg verpflichtet gefühlt hätte, auf ihn zu warten. Es ging jedes Mal darum, das Tempo von Anfang an im anaeroben Bereich zu halten, bis der Kandidat nicht mehr zu sehen war. Danach wurde so kontrolliert weitergefahren, dass der Abgehängte uns unmöglich einholen konnte. Keiner von ihnen erschien ein zweites Mal. Es kam vor, dass mich ein Neuer nach den ersten Kilometern fragte: »Fahrt ihr immer so schnell?« Was hätte ich ehrlich antworten sollen?

»Wie? Das ist doch gar nicht schnell!« oder

»Nein, das hört bestimmt gleich auf.« oder einfach nur

»Hm, keine Ahnung!«?

Das Prinzip bestand darin, als geschlossene Gruppe den Eindringling zu isolieren und zu distanzieren. Ich konnte immer nur hoffen, dass nicht ich es war, der als Erster abreißen lassen musste. Dann hätte ich den anderen und insbesondere mir den Tag versaut. Wenn wir es mit einem stärkeren Fahrer als unserem schwächsten Teammitglied zu tun hatten, wurde die Strategie etwas komplizierter. Aber die Gastfahrer waren ja nicht dumm, meistens begriff jeder irgendwann, worauf es für ihn hinauslaufen sollte. Und wer wollte schon dauerhaft mit derart bekloppten Leuten fahren?

Doch es gab tatsächlich Fahrer, die es in unseren *inner circle* schafften. Frank trafen wir auf einer RTF, und er ließ sich einfach nicht abschütteln. Also wurde der Feind kurz zum Freund gemacht und zum nächsten Training als Verstärkung eingeladen. Wenn man ordentliche Rennergebnisse vorweisen konnte und die Autorität unseres Alphamännchens anerkannte, hatte man es so gut wie geschafft.

Dies waren jetzt also die Freunde, deren Gesellschaft ich meiner Freundin vorzog? So ganz konnte ich nicht über meinen Schatten springen. Mit meiner sozialen Einstellung hätte ich jeden auf Tour mitgenommen. Aber das Spielchen funktionierte nun mal nur so. Und irgendwie machte es ja auch Spaß. Um weiterhin dabeibleiben zu können, reichte es nicht, der anerkannt Nette zu sein. Die Form hatte verdammt noch mal zu stimmen. Wer wusste schon, was für ein Heini in der nächsten Woche beim Training auftauchen würde, um uns das Leben schwer zu machen?

Wo fühlte ich mich wohler? Wo war ich besser aufgehoben? Die Partnerschaft musste gepflegt werden, die Kondition durfte ich aber auch nicht vernachlässigen, sondern musste sie eher noch weiter aufbauen, um weiterhin beim Radexpress mithalten zu können. Dabei wurde der Spagat zwischen der Beziehung zur Freundin und dem krampfhaften Versuch, auf der Windkante im rasenden Peloton der Radfreunde zu bestehen, immer größer. Wenn ich beim Radexpress mal Erster war, dann höchstens als Erster am Trainingstreffpunkt.

Die Radgruppe hatte bald eine eigene Homepage, wo man an jedem Montag lesen konnte, wer wo wie am Wochenende abgehängt worden war oder welche Fehler er gemacht hatte. Das System mancher Sekte ist vermutlich nicht anders aufgebaut. Es gab auch ein eigenes Chatforum, wo meine genialen Kommentare von den anderen öfters damit beantwortet wurden, dass dies nur einen gewissen Wayne interessieren würde.

Das allgemeine Level und die Leistungsfähigkeit des Teams nahmen immer mehr zu. Die Kosten für Ausrüstung und Rennteilnahmen, inklusive Anreise und Übernachtung, stiegen. Wer noch dazugehören wollte, musste einen Leistungstest bei einem Sportarzt absolvieren, dessen Namen die allgemeinen Krankenkassen vermutlich nur von Verleumdungsklagen her kannten. Okay, jetzt wusste ich also meine Laktatwerte unter Belastung und kannte meine maximale Wattleistung. Trainingstechnisch zog ich daraus keinerlei Erkenntnisse, aber ich fühlte mich besser, einfach nur, weil ich beim sportmedizinischen Test gewesen war. Profi eben.

Meine Freundin war zwar genervt von meiner permanenten Radfahrerei, sie war aber auch ein bisschen stolz darauf, einen Freund zu haben, der Radrennen fuhr. Unterhalten konnte ich mich mit ihr über Radsport nur, wenn ich das Thema mit ihren Augen, denen eines Außenstehenden, sah. Die Freunde vom Radexpress waren da viel eher auf meiner Wellenlänge und bereicherten mein Leben mit immer neuen Trainingstheorien und immer größeren Plänen für Rennveranstaltungen. Ich ging ganz auf in diesem intensiven Lebensgefühl.

Meiner Freundin zuliebe hatte ich dennoch versucht, wieder etwas mehr Abstand vom Radfahren zu bekommen, und einen Sommer lang mit ihr wieder ein bisschen Tennis gespielt. Aber es lag vermutlich am Entzug der beim Radfahren so großzügig ausgeschütteten Glückshormone, dass ich mit diesem Lebenswandel nicht zufrieden war. Außerdem bekam ich auf jeder Ausfahrt mit dem Radexpress umgehend die Quittung dafür, dass ich das Training vernachlässigt hatte. Schließlich fühlte ich mich in dieser Gruppe sehr wohl und war stolz, zum Team zu gehören. Wenn wir gemeinsam unsere großen und kleinen Abenteuer erlebten, hätte ich mit niemandem auf der Welt tauschen wollen.

Es war also der Radexpress, der mich zum Weiterfahren motivierte. Und wenn das nicht ausreichte, gab es da ja noch die abonnierten Fachzeitschriften, die mit immer neuen Teilen, Ernährungsplänen und Marathonteilnahmen lockten. Das Ganze geschmückt mit tollen Fotos, die zum Nachmachen animierten, und ständig neuen Anregungen für schöne Reiseziele, die ich unbedingt gesehen haben musste.

»Die längste Pause zwischen zwei Ausfahrten ist die Arbeitszeit«, hatte ich in der *Bike* gelesen und lebte diesen Satz nun nach. Ich saß mit MTB-Schuhen im Büro und fuhr auch in der einstündigen Mittagspause auf einen Hügel, um vom Rausch des Serotonins noch den halben Nachmittag high zu sein.

5. Etappe

Mountainbiking

Lange bevor Gary Fisher in Kalifornien das Mountainbike erfand, hatten wir als Teenager sämtliche Schutzbleche, Gepäckträger und Beleuchtungen von unseren 26-Zoll-Kinderrädern abmontiert, fuhren damit im nahen Wäldchen durch den Dreck und nannten das Ganze »Velocross«.

Ein Mountainbike war cool. Sogar meine Freundin hatte eins. Wir fuhren damit auf Waldwegen entlang der Wupper. Schon nach 20 Minuten gab es eine Pause mit Bergischen Waffeln, Kirschen und Sahne, womit dann auch schon der Wendepunkt der Tagestour erreicht war. Zu mehr konnte ich meine Freundin nie überreden. Sie empfand unsere Ausflüge immer als elendige Anstrengung. Dabei wollte ich sie nie wirklich attackieren oder mit Zwischensprints zermürben. Wir waren meist nur mit erhöhter Schrittgeschwindigkeit unterwegs, und um die Stimmung hochzuhalten, blieb ich immer schön an ihrer Seite. Fahrtechnisch waren die von mir ausgesuchten Wege das Einfachste vom Einfachen, die Steigungen nach Möglichkeit kaum wahrzunehmen. Nein, Mountainbiken war das absolut nicht! Wir haben es niemals so richtig krachen lassen und wurden unterwegs noch nicht einmal schmutzig.

Mountainbiken, das hatte ich schon ganz zu Anfang von Sven gelernt, das bedeutete Schieben und Tragen! Da wurde auch nicht nach dem Wetter gefragt. Man fuhr erst mal los. Am besten bergab. Erst wenn es nicht mehr weiter runterging, stellte sich die Frage, wie man am schnellsten zum nächsten Downhill kam. Dass es dabei bergauf ging, wurde als notwendiges Übel in Kauf genommen. Man konnte ja abkürzen. Irgendwo steil hochschieben. Oft stellte sich dann heraus, dass oben gar kein Weg war und dass das Bike die gewonnenen Höhenmeter den Hang wieder heruntergetragen werden musste. Das wäre echt nichts für meine Freundin gewesen. Wir konnten also bei aller Liebe nicht zusammen mountainbiken.

Während eines gemeinsamen Sommerurlaubs in der nördlichen Toskana spannte sie mit einem Buch am Pool aus, ich dagegen hatte die spontane Idee, mit dem Mountainbike mal eben über die kleine Hügelkette fahren zu wollen, die uns vom Meer trennte. Die Küste musste wirklich direkt dahinter liegen. Ein Wunder eigentlich, dass wir nicht das Wellenrauschen hören konnten. Angesichts einer so eindeutigen Situation brauchte ich gar keinen Blick auf eine Landkarte zu werfen.

Direkt hinter dem Hotel führte eine kleine Asphaltstraße in die gewünschte Richtung. Puh, ganz schön steil! Und das bei dieser Affenhitze! Nach etlichen Serpentinen durch ein kleines Eichenwäldchen gab es keinen Schatten mehr, aber eine schöne Aussicht zurück auf das Hotel, das von hier schon winzig aussah. Es kam noch ein kleines Dörfchen, dann war keine Hauptverkehrsrichtung mehr zu erkennen. Ich entschied mich für das größte der kleinen Sträßchen, auch weil es genau auf den Bergrücken zuführte, hinter dem ja das Meer lag, in dem ich gleich meine Füße abkühlen wollte.

Die Qualität des Straßenbelags wurde zunehmend schlechter. Der Asphalt wies deutliche Frostschäden auf, die Schlaglöcher wurden immer größer. Weil ich in der Steigung so langsam war, fingen die Insekten an, mich zu nerven. Jetzt löste sich die Straßendecke vollends auf und ich fuhr auf Schotter. Weit konnte es nun wirklich nicht mehr sein bis oben, ich war doch schon so lange unterwegs. Ich passierte ein Schild, das ich trotz meiner Lateinkenntnisse aus der Sexta nicht übersetzen konnte, auf dem aber ungefähr so viel stand wie »Straße gut, immer schön weiterfahren!« Mich überholte ein offener Geländewagen. Salve!

Die Traktion meiner Stollenreifen ließ auf dem steinigen Weg zu wünschen übrig, und das Hinterrad drehte immer öfter durch. Inzwischen wuchs in der Fahrbahnmitte Gras, und es gab nur noch zwei Treckerspuren. Diese endeten an einem kleinen Häuschen, vor dem der Geländewagen von vorhin parkte. Daneben saß eine Gruppe Italiener unter einem großen Baum an einer festlich mit weißem Tischtuch gedeckten Tafel. Drum herum lief eine Horde Bambini. Man beachtete mich kaum. Nach einigem Suchen entdeckte ich seitlich einen Pfad, der weiter den Hang hinaufführte. Bis zur ersten Kurve konnte ich den Singletrail fahren, dann wurde es zu steil, und ich musste schieben. Jetzt erst fiel mir auf, dass ich überhaupt nichts zu trinken mitgenommen hatte. Aber ich musste ja gleich oben sein, und dann ging es nur noch runter, direkt an den Strand, wo es bestimmt einen Trinkwasserbrunnen gab. Herrlich, wie weit man von hier ins Landesinnere gucken konnte!

Nach jeder weiteren Ecke tat sich vor mir noch ein kleiner letzter Anstieg auf. Die Büsche wurden immer mickriger. Der letzte Baum hatte unten bei den Leuten mit dem Mittagstisch gestanden. Ja, etwas zu Essen wäre jetzt nicht schlecht gewesen. Ach was, gleich war ich oben und am Meer, da gab es alles. Die Sonne stand direkt über mir und stach mit aller Gewalt. So erreichte ich schließlich durchgeschwitzt und vornübergebeugt schiebend einen grasbedeckten Sattel. Das Meer war nicht zu sehen. Vielleicht ganz dort hinten am dunstigen Horizont? Und ein Weg oder etwas Ähnliches, was in diese Richtung bergab führte, war auch nicht zu entdecken. »Was soll's?«, dachte ich. Der höchste Punkt war erreicht, erst mal Pause. Ohne Trinkflasche und Powerriegel machte die Pause aber wenig Spaß.

Nur kurz dachte ich daran, umzukehren. Ich hatte doch die Strapazen nicht auf mich genommen, um jetzt unverrichteter Dinge wieder umzudrehen. Nein, das Meer musste irgendwo da unten sein. Und es konnte nicht weit sein, bis wieder ein fahrbarer Trail begann. War da hinten in der Wiese nicht so was wie eine Tierspur zu erkennen? Bestimmt ein Trampelpfad von Schafen. Die hatten sicher im Gebüsch dahinter einen Stall. Und diesen Stall konnte der Bauer natürlich mit seinem Auto anfahren. Bingo! Da musste ich jetzt hin.

Also trug ich das Bike die steile Wiese hinunter und knickte wegen der im tiefen Gras versteckten Steine ein paarmal mit den Radschuhen um. Im Gras hatten sich auch jede Menge Bremsen und andere Stechfliegen versteckt, die nun aufschwärmten. Wie wild schlug ich um mich, während ich das Rad weiter in Richtung Gebüsch zerrte.

Zu meiner Überraschung war dahinter aber gar kein Stall. Das hatte wohl nur so ausgesehen. Hier war nichts weiter als undurchdringliches Gebüsch. Alles klar. Hier war der Punkt, an dem ich nun wirklich umdrehen sollte. Aber wollte ich im Ernst wieder den steilen Abhang mit den vielen Stechfliegen rauf? Es musste hier doch irgendwie bergab weitergehen. Mir schien, als ob dort hinten der Einschnitt eines engen Bachlaufs zu erkennen sei. Am Bach entlang kam ich sicherlich gut ins Tal. Verlaufen war doch unmöglich. Ich musste ja nur immer dem Wasser bergab folgen. Bis dahin musste ich mich bloß noch mitsamt dem Bike durch das Dickicht kämpfen. An jedem Zweig blieb irgendein Teil des Fahrrads hängen, während ich mir die Pedale in den Rücken und den Lenker ins Gesicht schlug.

Das Bachbett war ausgetrocknet und bot mir in der Tat die Möglichkeit, einigermaßen hindernisfrei vorwärtszukommen. Längst war nicht mehr an Umkehr im Sinne eines geordneten Rückzugs zu denken. Doch der Weg vor mir, der ja noch gar keiner war, blieb voller Ungewissheiten. Mit meinen Kräften war ich längst am Ende. Vom ungewohnten Tragen tat mir die gesamte Rückenmuskulatur weh. Vor Wut brüllte ich, so laut ich konnte, alle möglichen Schimpfwörter und verfluchte das verdammte Mountainbike. Mich beschlich langsam das Gefühl, mich verirrt zu haben.

Nach unendlicher Plackerei erreichte ich irgendwann einen richtigen Weg. Aber ich kann mich nicht mehr daran erinnern, ich war schon im totalen Unterzucker. Bei der ersten Möglichkeit stärkte ich mich an einem Brunnen. Das eine war klar, die Straße würde ich nicht mehr verlassen! Doch mein Tagesziel, das Meer, hatte ich bisher nicht erreicht. Über Umwege, aber auf durchgehend asphaltierter Strecke, gelangte ich erst am späten Nachmittag ans Mittelmeer. Schuhe aus, Füße ins Wasser. Ich liebe es, wenn ein Plan funktioniert.

Der Rückweg zum Hotel gestaltete sich dann zeitaufwendiger als angenommen, weil die Beschilderung italienischer Straßen nicht den Gesetzmäßigkeiten folgt, die man in Deutschland gewohnt ist. Immerhin wusste ich, wie der Ort hieß, zu dem ich zurückkehren wollte. Es war bereits dunkel, als ich endlich ankam. Die Zeit für ein Abendessen war schon vorbei. Meine Freundin hatte sich natürlich große Sorgen gemacht. Sie hätte garantiert die Carabinieri informiert, wenn keine Verständigungsprobleme zu befürchten gewesen wären. Stundenlang hatte sie jeden Moment mit meiner Rückkehr gerechnet und war pausenlos im Hotelzimmer auf und ab getigert. Sie war zu blockiert, um sich mit anderen Dingen abzulenken, an Entspannung war nicht mehr zu denken. Als ich endlich wieder da war und ihr mit leuchtenden Augen von meiner erlebnisreichen Ausfahrt berichten wollte, sah sie mich verständnislos an. Ihre Angst um mich schlug in Wut um. Warum hatte ich ihr das angetan? Meine Entschuldigungen waren so dürftig, dass ihre Wut sich in Hass verwandelte. Den Rest der Nacht herrschte Krieg.

Schieben und Tragen. Was sollte daran so toll sein? Dennoch ließ ich mich von Sven zu einer weiteren Biketour in die Karnischen Alpen überreden. Es regnete quasi ab dem Moment, da wir das Auto verließen. Als wir unsere Unterkunft, Kategorie baufälliger Stall, auf einer Alm erreichten, waren wir nicht nur total durchnässt, wir hatten es zudem geschafft, uns bei der Auffahrt drei Platten einzufangen, weshalb wir nun kein Ersatzmaterial mehr dabeihatten.

Obwohl wir solch ungemütliche Quartiere von gemeinsamen Touren her gewohnt waren, hatte die Stimmung am folgenden Morgen angesichts des fiesen Regenwetters ihren Tiefpunkt erreicht. Wir entschieden uns, das Abenteuer zu beenden. Die Abfahrt ins Tal wäre zwar nicht schwierig gewesen, aber ich hatte immer noch ein plattes Hinterrad. So schoben wir mal wieder bergab. Bis uns der Einfall mit der provisorischen Reparatur des Reifens kam. Ich hatte in einem Bikeratgeber gelesen, dass man einen kaputten Schlauch entfernen und den Reifen mit Gras oder Tannenzweigen ausstopfen solle. Tannen standen genug herum. Das Fahrgefühl war zwar von Anfang an etwas schwammig und ich hatte Probleme, Svens Tempo zu folgen, aber es lief tatsächlich. Unten im Tal öffneten wir neugierig den Reifen. Zum Vorschein kam ein einziger hellgrüner, warmer Brei.

Gemeinsam mit dem Radexpress wechselte ich beim Mountainbiken mehr und mehr vom Tourenfahren zu Bike-Rennen. Vorzugsweise lange Marathonstrecken. Anfangs gab es bundesweit nicht sehr viele derartige Veranstaltungen, und wir mussten für eines der wenigen Rennen bis in den Bayerischen Wald, wenn nicht bis an den Gardasee fahren. Der Ablauf beziehungsweise die Choreografie ging beim Bike-Marathon immer auf die gleiche Weise über die Bühne. Artig ließ ich mich bei der Massenabfertigung am Start in einen hinteren Startblock pferchen, während sich Horst und Dani irgendwie in die vordersten Reihen mogelten. War Rainer morgens zu langsam aus dem Quark gekommen, dann stand er noch weiter hinten als ich. Markus fand sogar Gefallen daran, sich freiwillig ganz hinten anzustellen. Er wollte locker losfahren und dann den restlichen Tag damit zubringen, einen nach dem anderen schön der Reihe nach und in aller Ruhe zu überholen. Irgendwo im Gemenge steckten meist auch noch Frank und Roger.

Wenn dann der Startschuss fiel, passierte um mich herum erst mal gar nichts. Minutenlang nicht. Es sei denn, jemandem platzte zur allgemeinen Belustigung der Umstehenden ein zu hart aufgepumpter Schlauch oder einer kippte samt Rad um, weil er zu früh in beide Pedale eingeklickt hatte. Bis ich mich dann endlich auch in Bewegung setzen konnte, waren Horst und Dani schon auf den ersten Kilometern im Renntempo unterwegs. Wie sollte ich die jetzt noch einholen? Vor allem, nachdem ich jetzt am ersten engeren Anstieg auch noch im Stau stand und absteigen musste. Da waren wieder Hunderte Idioten vor mir, die keinen Hügel rauffahren konnten.

Freundlich grüßend tauchte Rainer neben mir auf und verschwand genauso schnell wieder seitlich im sachte fließenden, dicht gedrängten Peloton. Wenn alles gut für mich lief, schaffte ich es irgendwann, Danis Trikot vor mir auszumachen und sie dann auch einzuholen. Damit hatte ich aber auch schon alle Körner verschossen. Je nach Reststrecke brach ich oft genug ein und kam doch nicht vor Dani ins Ziel. Horst auf der Strecke einzuholen war noch schwieriger, wenn er nicht mal wieder Pech gehabt hatte und mit einem Defekt am Streckenrand stand.

Bei diesen teaminternen Verfolgungsjagden konnte ich es mir zeitlich natürlich nicht erlauben, an Verpflegungsstellen anzuhalten, wenn ich die anderen nicht schon vorher eingeholt hatte. Dieser strategische Fehler führte meist dazu, dass ich einen Hungerast bekam. Den restlichen Tag musste ich dann auf dem Zahnfleisch fahren. In diesem Zustand konnte ich der kontinuierlich fahrenden Dani nicht mehr folgen und nur hoffen, dass Markus mich nicht auch noch einholen würde.

Windschatten- oder Gruppefahren fand bei solchen Rennen nicht statt. Und spätestens wenn die Kurzstreckenfahrer abgebogen waren, befand man sich allein auf weiter Flur. Anders als bei Crosscountry-Rennen mit mehreren kurzen Runden war man lange Zeit sehr einsam unterwegs. Nur äußerst selten kam man an Stimmungsnestern vorbei. Wäre nicht bereits der halbe Waldboden von den vielen Fahrern vor mir umgegraben gewesen, hätte ich glauben können, mich gar nicht mehr in einem Rennen zu befinden. Die meiste Zeit fuhr man über langweilige Forstautobahnen. Manchmal war der Singletrail-Anteil nur gering, doch Schieben gehörte auch hierbei oft genug zum Repertoire.

Dani fuhr wie immer, so auch dieses Mal aufs Podium. Und Markus kam am Ende sogar als Erster in seiner Altersklasse ins Ziel. Ich hatte eine Fahrgemeinschaft mit ihm und wollte nicht mehr ewig auf seine Siegerehrung warten. So drängte ich ihn zum Aufbruch. Er kam leider nicht in den Genuss, sich in der örtlichen Turnhalle auf einen Holzkasten stellen zu dürfen. Beim nächsten Mal! Heute tut es mir leid, aber nachdem das Rennen damals gelaufen war, was ja selten weniger als sechs Stunden dauerte, lief bereits die nächste Uhr, und ich musste schnellstmöglich nach Hause zur Freundin zurück. Denn sie wollte an diesem Sonntag ja auch noch irgendetwas mit mir unternehmen.

In einem Jahr trieb ich es auf die Spitze und wollte gleich mehrere Dinge unter einen Hut bringen. Das lange Wochenende am 1. Mai wollte ich am Gardasee einerseits für epische Touren mit Sven, aber auch für den berühmten Bike-Marathon nutzen. So fuhr ich am ersten Tag mit Sven auf den Monte Altissimo, wo wir, wie so oft auf unseren Trips, durch ausgedehnte Schneefelder stapften. Wir genossen einen tollen Ausblick auf das unter uns gelegene Riva, wo sich die Rennfahrer für den morgigen Marathon ausruhten, bevor wir über meinen Lieblingstrail, Wanderweg Nr. 6, in einem einzigen langen Flow runter nach Navene surften. Ich spürte noch am selben Abend, dass dies keine optimale Vorbereitung für den Renntag gewesen war.

Den Marathon fuhr ich am zweiten Tag zusammen mit den Freunden vom Radexpress und quälte mich dabei über die komplette Ronda Extrema. Strategie wie immer: schnell starten, früh einbrechen, auf dem Zahnfleisch durchbeißen. Das sah bei mir zwar vielleicht genauso aus, aber im Gegensatz zu Lance Armstrong am Col du Glandon habe ich nicht geblufft. Am liebsten hätte ich danach nur noch Pause gemacht, aber ich hatte Sven ja eine weitere Tour versprochen.

So eierten wir am dritten Tag gemütlich den Sentiero della Pace hoch, bis wir im obligatorischen nassen Altschnee feststeckten. Rüber zum Tremalzopass gewechselt, wo sich im oberen Abschnitt ein tiefergelegter Sportwagen aus Dänemark im groben Schotter festgefahren hatte. Scheiß Navi! Es folgte die verbotene Abfahrt über die alte Ponale-Straße. Wir kletterten voller Glücksbotenstoffe im Hirn am Seeufer über den Absperrzaun und hatten es wieder mal geschafft. Eines stand fest, so viele Kilometer wie ich hatte an diesem Wochenende hier niemand zurückgelegt!

In Riva überfuhren wir dann an einem Zebrastreifen um Haaresbreite einen Mafioso in einem kamelfarbenen Flanellmantel. Er griff sofort zum Handy und rief jemanden an. Jetzt waren wir am Gardasee nicht mehr sicher und machten uns schleunigst vom Acker.

Mit Marc, Besuch aus Südafrika, unternahm ich eine kleine Biketour, um ihm unsere heimische Flora und Fauna vorzuführen. Ein schwerer Wintersturm hatte kurz zuvor viele Bäume umgeworfen. Immer wieder mussten wir deshalb unsere Fahrräder über quer auf dem Weg liegende Baumstämme heben. Er wunderte sich ein bisschen über die Umstände. Ich erläuterte es ihm: »This is mountainbiking!«

6. Etappe

Hunde

Als ich Kind war, gab es in unserer Nachbarschaft einen doofen Rauhaardackel, der ständig versuchte, uns beim Radfahren in die Füße zu beißen, weshalb wir es vermieden, auch nur in seine Nähe zu kommen. Ich habe ihn deshalb gehasst, denn er schränkte meinen Aktionsradius ein. Ich hatte fortan immer Angst vor Hunden. Therapiert wurde ich durch meine Freundin, deren Eltern auch einen Hund hatten, mit dem ich, wenn niemand anders Lust dazu hatte, sogar abends Gassi gehen musste. So konnte ich mich allmählich an diese Tiere gewöhnen und Studien betreiben. Man musste immer auf der Hut sein und durfte ihnen nie in die Augen sehen. Hunde sind in der Regel nicht ausdauernd. Konnte ich sie bei einer Flucht auf Distanz halten, hatte ich nichts zu befürchten.

Wenn mich ein bellender Hund doch einmal einholte, stieg ich schnell ab, stellte das Fahrrad schützend zwischen uns (Was macht man eigentlich bei zwei Hunden? Oder einem ganzen Rudel?) und redete beruhigend auf ihn ein. Meistens wurde dem Hund dann schnell langweilig und er verschwand. Ganz so wie diese aggressiven Autofahrer. Im Laufe der Zeit verlor ich meine Angst vor Hunden völlig und lernte, sie komplett zu ignorieren. Das zog immer!

Insofern war ich sehr überrascht, als ich an einem herrlich goldenen Oktobermorgen auf dem ausgeschilderten Radweg am Ufer des Silvaplanersees entlangfuhr. Gerade hatte ich eine Frau samt Hund freundlich grüßend passiert, als mich der Köter plötzlich und ohne Vorwarnung von hinten angriff. Ich dachte zunächst, der schwarze Riesenschnauzer hätte mich mit seinen scharfen Krallen lediglich angesprungen. Empört sagte ich der Dame, dass ich darüber nicht amüsiert sei. Sie tat die Sache ab, und ich fuhr kopfschüttelnd weiter. Bloß nicht den schönen Tag versauen lassen!

An der nächsten Ecke warf ich dann doch mal einen Blick in meine Dreiviertelhose und sah mit Schrecken, dass ich eine üble Bisswunde mit deutlich erkennbaren Löchern von vier spitzen Zähnen hatte. Ich fuhr zurück zu der Frau mit Hund und zeigte ihr meinen nackten, blutenden Arsch. Jetzt bedauerte sie den Vorfall schon etwas mehr und gab mir sogar ihre Adresse.

Verdammt, die Tour musste ich jetzt trotz des Superwetters erst mal unterbrechen; ich radelte direkt nach St. Moritz ins Krankenhaus. Bisswunden werden nicht genäht. Man lässt sie ausbluten. So bekam ich also einen dicken Verband auf den Po geklebt, was mich aber nicht davon abhielt, die für diesen

Tag geplante Runde komplett durchzuziehen. Berninapass, Umrundung der Lagalb, Tragepassage bei Livigno. Die nässende Wunde am Hintern tat schon ziemlich weh, aber der Himmel war blau, die Bergspitzen weiß, die Wiesen herbstlich braun. Ein unvergesslich schöner Tag.

Zurück in der heimeligen Ferienwohnung besah sich meine Freundin den Schaden und schlug die Hände über dem Kopf zusammen. So ein verrückter Hund!

7. Etappe

Polizeimotorrad

Wenn ich mich mit dem Fahrrad im Straßenverkehr bewegte, fühlte ich mich wie ein Gesetzloser und missachtete häufig sämtliche Verkehrsregeln, Verbotsschilder, Ampeln und Geschwindigkeitsbeschränkungen. Sehr zum Ärger der Polizei, wenn sie mich mal dabei erwischte. Irgendwie kam ich aber fast immer heil aus der Nummer raus. Es geht der Polizei ja nicht um Bestrafung oder gar ums Abkassieren, sondern in erster Linie um Verkehrserziehung. Und da lernte ich immer gerne etwas dazu.

Ich fuhr stadtauswärts mit dem Rennrad und kam nun schon an die dritte rote Ampel auf einer Strecke von wenigen Metern. Eben noch war ich brav stehen geblieben, doch jetzt war es mir an dieser Fußgängerampel, an der kein Mensch stand, einfach zu doof. Kaum hatte ich die Haltelinie überquert, da hörte ich schon den Polizisten im Streifenwagen hinter mir etwas durch seinen Lautsprecher husten. Direkt vor ihren Augen sei ich über Rot gefahren! Meine Ausrede lautete, dass ich, wenn ich sie bemerkt hätte, natürlich niemals so provokant über eine rote Ampel gefahren wäre. Und dass das selbstverständlicherweise nie wieder vorkommen würde. Geld und Ausweis? Fehlanzeige. Sie ließen ausnahmsweise fünfe gerade sein und ließen mich fahren. Um ein Haar wäre mir an der nächsten Ampel direkt vor ihren Augen das Gleiche noch einmal passiert.

Den nächsten Polizeikontakt hatte ich, als ich gerade eilig mit dem Mountainbike zum Treffpunkt raste, denn ich war schon spät dran. Vor einer roten Ampel stauten sich mehrere Autos in Zweierreihe. Ich schoss zwischen ihnen hindurch und bog vorne nach rechts ab. In dem Moment realisierte ich, dass in der ersten Reihe ein Polizeiwagen stand. Zwei Ecken weiter hatten sie mich eingeholt. »Na, schon mal was von Grün gehört?« Diesmal war meine Ausrede noch blöder: »Ich fahre ja sonst nur im Wald!« Dann zeigte ich mich einsichtig und versprach, dass das nie wieder passieren würde. Zudem hatte ich Glück, dass mich einer der beiden Polizisten von der Schule oder aus der früheren Nachbarschaft zu kennen glaubte und jetzt nicht unangenehm werden wollte. Und noch mehr Glück, denn die Radgruppe hatte am Treffpunkt auf mich gewartet.

Dass Polizeibeamte nicht nur mit Autos unterwegs sind, lernte ich beim nächsten Zwischenfall. Bei meinen frühmorgendlichen Radfahrten zur Arbeit nach Köln war auf den Straßen kaum etwas los. Eine große Kreuzung in Hilden

POLIZEI

brachte man am besten hinter sich, indem man ungeachtet der Ampelschaltung erst mal rechts auf den Bürgersteig wechselte, dann wieder auf die Fahrbahn sprang, sämtliche durchgezogenen Linien überquerte, eine Fußgängerampel schnitt, wieder auf einen Bürgersteig und dann letztendlich noch mal quer über alle Fahrbahnen fuhr.

Dies alles beobachtete ein Polizist, der mich gerade mit seinem weißen Dienstmotorroller verfolgte.

»Der Führerschein ist weg! Wissen Sie, wie viele Verbote Sie gerade überschritten haben?«

Wie immer, verfiel ich nicht in Panik, fühlte mich ertappt und erwartete nun das Strafmaß. Dabei blieb ich höflich und gut gelaunt.

»Führerschein weg? Das macht mir nichts«, sagte ich.

Was bei dem Polizisten zu der Vermutung führte, dass ich überhaupt keinen Führerschein besaß, zumal ich mit meiner Ortlieb-Tasche wie ein Radkurier auf ihn wirkte. Insofern waren wir ja beide dienstlich auf der Straße unterwegs. Quasi Kollegen. Er wünschte mir noch einen schönen Arbeitstag und gab mir den guten Rat, vorsichtig zu fahren.

Polizisten haben den ganzen Tag über mit Idioten zu tun und werden dabei häufig beschimpft. Da freuen sie sich, wenn mal ein netter Mensch mit ihnen spricht. Nicht direkt alles abstreiten! Immer schön einsichtig sein! Man lernt nur aus Fehlern.

Als ich eines Tages in der bereits einsetzenden Dämmerung von der Arbeitsstelle in Neuss nach Hause fahren wollte, rief mir ein Polizist, der mit seinem Dienstfahrrad unterwegs war, zu: »Licht anmachen!« Das hätte ich ja gerne getan, wenn ich eines dabeigehabt hätte. Jetzt forderte er mich sogar auf, anzuhalten. Ich hatte noch einen weiten Weg vor mir, und es wurde ja bereits dunkel, deshalb wollte ich keine Zeit verlieren. Mit dem knappen Blick, mit dem ich jeden fremden Radfahrer abschätze, analysierte ich die Lage. Attacke! Er hätte mich niemals einholen können. Die Fahrt würde noch anderthalb Stunden dauern. Und ich kannte die Strecke so gut, dass ich den Weg auch im Dunkeln finden konnte.

Wie man es nicht machen sollte, erlebte ich an einem besonders warmen Samstag im Januar. Eine Südströmung brachte uns mitten im bis dahin grauen Winter einen herrlichen Sonnentag mit milden 19 °C. Am Rennradtreff war der Teufel los. Alle waren sie aus ihren Löchern gekommen.

Aufgedreht wie junge Böcke im Mai, wollten wir uns auf einer richtig langen Runde die Hörner abstoßen. Weil viele jedoch noch einen erheblichen Trainingsrückstand hatten, kristallisierte sich aus den anfangs knapp 30 Fahrern bald eine zehnköpfige Gruppe heraus. Wir fuhren wie beflügelt mit Rückenwind so weit nach Nordosten, dass ich mich schon gar nicht mehr auskannte.

Uns wurde etwas zu spät klar, dass es trotz des frühlingshaften Tages im Januar sehr bald dunkel werden würde. Aber wir waren zügig unterwegs und konnten es wahrscheinlich mit dem Tageslicht noch bis nach Hause schaffen. Die Gruppe kam in hohem Tempo eine kleine Gefällstrecke herunter und näherte sich einem Stoppschild an einer T-Kreuzung. Der erste Fahrer schoss rechtsabbiegend auf die Vorfahrtsstraße und brüllte: »Frei!«, alle anderen hinterher.

Aber gegenüber parkte ein Polizeiauto auf der Lauer nach Stoppschildsündern. Zehn Fliegen mit einer Klappe. Ein guter Fang. Auf der Ruhrtalstraße gab es kein Entkommen. Links der Fluss, rechts der Prallhang. Wir hatten aber noch alle Chancen. Ein lustiger Spruch zum Einstieg und vielleicht die Begründung, dass der Führende den Rest der Gruppe bei dem Tempo nicht mit einem Stopp gefährden wollte? Das wäre es bestimmt gewesen. Stattdessen fingen die ersten Radfahrer an zu schimpfen oder machten Anstalten, sich einfach entfernen zu wollen. Nun war der ältere Beamte natürlich gefordert, seinem jüngeren Kollegen zu zeigen, wie man mit so einem renitenten Haufen umgehen musste. Verena versuchte es noch mit: »Lassen Sie uns gefälligst fahren! Wir haben nämlich kein Licht am Rad.« Aber da war schon längst alles vorbei. Die ganze Gruppe wurde zur Kasse gebeten. Wer kein Geld dabeihatte, musste seinen Namen nennen. Ich sagte »Kurt Stöpel«, was der jüngere Polizist ordentlich zu Protokoll nahm. »Dietrich Thurau« und ein gewisser »Peter Brägel« waren an diesem Tag auch noch mit von der Partie.

Kleiner Tipp: Die Polizisten hätten uns nicht alle einzeln bestrafen dürfen. In unserer Gruppenstärke galten wir bereits als Verband und waren quasi ein Fahrzeug. Nur der vorne fahrende Verbandführer hätte am Stoppschild halten müssen und zur Kasse gebeten werden dürfen!

Es war nicht immer lustig mit der Polizei. Als ich einmal mit Florian auf eine grüne Ampel zufuhr, bog eine Autofahrerin, ohne zu gucken, von einem Seitengrundstück in die Straße ein. Ich gab einen lauten Warnruf ab. Diese Szene hatte ein Polizist beobachtet, der sich nun näherte. Ich erwartete schadenfroh, dass nun die Autofahrerin eine Belehrung bekommen würde. Aber der Blödmann sagte stattdessen wortwörtlich zu mir: »Schreien Sie das Auto nicht so an!«

Meine nächste Bekanntschaft war ein freundlicher Motorradpolizist. Ich hatte gerade eine Kreuzung bei Vollrot überquert, bei der ich wusste, dass keine Gefahr durch Querverkehr bestand, wenn die Fußgänger rechts Grün hatten. Sekunden später lernten wir uns kennen. Er drehte so sehr am Gashahn seiner BMW, um mich einzuholen, dass sein Hinterreifen quietschend wie bei einem Auto durchdrehte. Als er mich stoppte, war ich mir so sicher, dass er mich laufen lassen würde, dass ich bereitwillig meinen Personalausweis zückte. Ein großer Fehler, wie ich später feststellte. Als er nämlich meine Daten notiert hatte, folgte prompt die Quittung: 80 Euro alles inklusive. Jetzt war ich echt verärgert, was ich ihm aber nicht zeigte.

Einen Monat später erwischte mich derselbe Polizist glatt noch einmal beim Rotlichtvergehen. Seine Kollegin stieg aus dem Polizeiauto und wollte sich den Sünder zur Brust nehmen, während er noch umständlich eine geeignete Parkmöglichkeit suchte. Mit ihr war nicht zu spaßen. Deshalb sagte ich ihr, dass ich die Angelegenheit mit ihrem Kollegen regeln müsse, weil da noch etwas offen sei. In der Tat hatte er mir verschwiegen, dass ich auch noch einen Strafpunkt in Flensburg kriegen würde. Ich warf ihm deshalb vor, dass er mich beim letzten Mal schlecht beraten hätte. Oh, das tat ihm leid. Aber dennoch war er sauer, weil er mich inzwischen als Wiederholungstäter sah. »Nur wenn die Leute schmerzhafte Geldstrafen bekommen, lernen sie.« Ich antwortete, dass mir Geld egal sei und dass ich trotz des Zahlungsbefehls nach unserem letzten Treffen immer noch bei Rot gefahren wäre. Das sah er ein. Wenn er wolle, dass ich wirklich keine roten Ampeln mehr missachtete, müsse er mir nun mein Versprechen in die Hand abnehmen und mich vor allen Dingen für heute davonkommen lassen. Ja, das hielt er für einen fairen Deal. Zwischenzeitlich hielt seine Kollegin jede Menge anderer Radfahrer an, die ohne Beleuchtung unterwegs waren, und verteilte fleißig Tickets.

Ich begegnete meinem Motorradpolizisten fortan noch häufiger, und wir winkten uns freundlich zu. Immer wenn wir uns sahen, hatte ich mich gerade korrekt verhalten. Wie denn sonst?

8. Etappe

Zeitfahren

Am Wochenende klingelte morgens das Telefon und riss uns aus dem Schlaf. Und zwar jeden Samstag. Am Sonntag genauso. Horst wollte den Radexpress organisieren und die Teamfahrer zusammentrommeln. Meine Freundin ärgerte sich natürlich jedes Mal über die für sie nächtliche Ruhestörung. Aber es gab eben keinen festen Termin, und so mussten wir uns jedes Mal aufs Neue telefonisch verabreden.

Das war nicht so einfach, wie man denken sollte. Wenn ich Glück hatte, föhnte sich meine Freundin gerade die Haare im Badezimmer und bekam nicht mit, wie viel Telefonate nötig waren, bis der Termin stand. Florian wollte zum Beispiel nicht mitkommen, wenn Osenberg am Start sein sollte. Eberhard und Verena wollten unbedingt Rennrad fahren, während Horst eine Mountainbiketour vorgeschlagen hatte. Rainer war am Vorabend noch beim Salsa gewesen und wollte die Abfahrtszeit gerne eine Stunde nach hinten schieben. Dani hatte exakt drei Stunden auf ihrem Trainingsplan, den sie konsequent einhielt. So waren einige mit äußerst diplomatischem Geschick geführte Gespräche notwendig, bis alle zufrieden waren und jeder wusste, wo er wann und mit welchem Rad zu stehen hatte.

Doch jetzt fing die eigentliche Verhandlung für mich erst an. Durch die zahlreichen Telefonate war ich zwar bereits in Übung, meine Freundin aber schon genervt. Das verbesserte meine Ausgangslage für die folgende Diskussion nicht gerade. »Ihr seht euch gleich stundenlang. Wieso müsst ihr dann ewig telefonieren?« Hm, schwer zu erklären. Es wurde ja auch nach den Fahrten noch mal jeder Kilometer am Telefon ausgiebigst besprochen.

Jetzt musste ich ihr erst mal die von Horst angeordnete Fahrtdauer vermitteln. Viereinhalb Stunden. »Komm doch eine Stunde früher nach Hause! Das reicht doch auch, oder etwa nicht?« Das ging natürlich überhaupt nicht! Kürzer als die Gruppe zu fahren bedeutete ja, schon vor der Hälfte der Strecke abzubiegen und mir von den Mitfahrern anhören zu müssen, dass ich mal wieder nichts draufhätte. Früher nach Hause zu fahren, das konnte in ihren Augen nur bedeuten, dass jemandem die Kraft ausging. Oder ich bekam auch Sprüche zu hören wie »Na, du stehst bei deiner Alten ja ganz schön unterm Pantoffel!«. Von den anderen hatte niemand familiäre Verpflichtungen. Deshalb konnten sie mein Problem nicht nachvollziehen.

Meine Freundin wollte am Wochenende natürlich auch etwas von mir haben.

Manchmal unternahm ich auch zuerst etwas mit ihr und fuhr später eine kleine Runde allein. Aber dann war ich die ganze Zeit nervös, weil ich Sorge hatte, nicht mehr oder nicht mehr ausreichend trainieren zu können. Ich ging ihr beim Einkaufen oder bei einem Museumsbesuch penetrant auf die Nerven und drängte ständig zum Aufbruch.

Anfangs war meine Freundin noch nicht daran gewöhnt, dass ich stundenlang Fahrrad fahren wollte. Ihr war oft schon eine Stunde Abwesenheit zu viel. Peu à peu stellte ich aber größere Forderungen. Erst betrafen sie nur die Fahrtdauer, dann die immer früheren Startzeiten. Mit Letzterem stieß ich auf besonderes Unverständnis. Meine Freundin und ich waren immer leidenschaftliche Langschläfer gewesen. Und jetzt wollte ich plötzlich in aller Herrgottsfrühe aus dem Bett, um Rad zu fahren, was man ihrer Meinung nach genauso gut am Nachmittag machen konnte. Ja, aber nur ohne die anderen! Das machte doch gar keinen Spaß. Alternativ konnte ich mich nachmittags nur mit langsamen Freizeitbikern verabreden, auf die ich dann an jedem Hügel warten musste.

Ich hatte meine Trainingsfahrt also mal wieder bei meiner Freundin durchgesetzt und stand mit den anderen vom Radexpress am Treffpunkt. Alle waren pünktlich. Nur Rainer nicht. Wir mussten warten. Konnte ich die Wartezeit nun hinten dranhängen oder musste ich diese Minuten am Ende streichen? Noch wären wir im grünen Bereich, wenn wir heute vielleicht schneller fahren würden. Ich blieb vorerst cool. Ich würde es meiner Freundin später sicher erklären können. Es war bekannt, dass Rainer öfter zu spät kam. Das machte ihn meiner Freundin eher sympathisch.

Als Horst nach drei Stunden in Agathaberg ein Links- anstatt eines Rechtsabbiegens anzeigte, schwante mir sofort, dass die vorher genannte Fahrzeit Makulatur war. Niemand beschwerte sich darüber. Doch in mir machte sich ein Gefühl, gemischt aus Hilflosigkeit, Angriffslust und Zeitdruck breit. Durch eine Tempoverschärfung versuchte ich mein Zuspätkommen in Grenzen zu halten. Es half nichts. Frank kannte noch einen weiteren tollen Weg, den wir jetzt fuhren. Einen tollen Umweg. Roger bekam einen Platten. Der Schlauchwechsel dauerte zusätzliche fünf Minuten. Ich wurde zwar nicht wahnsinnig, aber ich verspürte bereits ersten Stress. Die Ausfahrt konnte ich nicht mehr genießen. Ständig musste ich auf die Uhr gucken.

Irgendwann war klar, dass ich hoffnungslos zu spät kommen würde. In gewisser Weise ließ die Panik dadurch ein bisschen nach, aber das schlechte Gewissen wurde umso größer. Ich hatte meiner Freundin versprochen, pünktlich um soundso viel Uhr zurück zu sein. Und jetzt am Abzweig Spreeler Mühle war klar, dass es zu Hause wieder mächtig Ärger geben würde. So war es nicht mangelnde Kraft, die mich an jedem Hügel bremste, sondern der Gedanke daran, dass wir immer noch in die falsche Richtung fuhren.

Eine Viertelstunde Verspätung war üblicherweise das Mindeste. Dazu sagte meine Freundin auch gar nichts. Richtig ärgerlich wurde sie aber bei Verspätungen nach Feierabendfahrten. Das Abendessen war längst kalt, wenn ich endlich eintraf. Oder ich saß ihr im verschwitzten Trikot stinkend am Esstisch gegenüber. Schlimmer war es, wenn sie eine Verabredung getroffen hatte, zu der wir nun beide viel zu spät kamen. Weil ich mal wieder Radfahren musste! Hätte ich nicht ausnahmsweise mal früher nach Hause kommen können?

Unsere Gastgeber hatten jedenfalls meistens wenig Verständnis, wenn wir wegen meines Radfahrens nicht rechtzeitig zu Kaffee und Kuchen kamen. Das größte Drama war natürlich eine Einladung zum Brunch. Das ging ja gar nicht! Da musste meine Freundin eben alleine hin. Es sei denn, es regnete. Dann kam ich doch mit. Vielleicht wurde es ja gegen Nachmittag trocken?

So eroberte ich mir – trotz der ständigen Diskussionen – immer mehr Freiraum. Was früher für meine Freundin undenkbar gewesen war, wurde zur Selbstverständlichkeit. Kein Frühstück zu zweit, Verspätung bei Verabredungen, ohne mich zur Geburtstagsfeier einer Freundin, kein gemeinsames Shopping am Samstagvormittag. Ich hatte so viel Zeit für meinen Radsport herausgeholt, dass ich unbemerkt eine Affäre hätte haben können. Vielleicht sogar zwei oder drei gleichzeitig. Aber ich gab meiner Freundin ja keinen Grund, mir zu misstrauen. Definierte Beinmuskulatur bekommt man schließlich nicht von Bettgymnastik. Außerdem führte ich akribisch ein Trainingstagebuch, das sie hätte kontrollieren können. Da wurde jeder Kilometer aufgeführt. Und ich hätte mich doch nicht selbst belogen.

Ob meine Freundin mir aus Liebe so viel Freiraum ließ oder weil sie froh war, mich eine Zeit lang loszuwerden? Später drehte sie sich nicht einmal mehr auf dem Sofa nach mir um, wenn ich lange nach Einbruch der Dämmerung heimkam. Ich muss zugeben, dass ich lieber keinen Gedanken darauf verschwendete, warum sie es überhaupt noch mit mir aushielt. Ich jedenfalls, und das war mir damals zweifellos wichtiger, konnte bei all meinen Eskapaden, wenn ich zum Beispiel allein ein Wochenende auf einsamen Alpenpässen verbrachte, an der ganz großen Freiheit riechen. Zeit, stellte ich für mich fest, ist das höchste Gut auf Erden.

D 97
ALT: 1602
7,5%

9. Etappe

Über alle Berge

Schon vor Jahren war ich den ersten Alpenpass mit einem Fahrrad gefahren. Ich hatte die Idee gehabt, mein altes Peugeot-Rennrad mit in den Skiurlaub zu nehmen. Wenn der letzte Skilift seinen Dienst am Nachmittag eingestellt hatte, suchte ich noch ein bisschen Bewegung und wollte mit dem Rad umher- oder auf den Julierpass fahren. Meiner Freundin war der stundenlange Abfahrtsskilauf Sport genug, und sie wusste sich in der warmen Ferienwohnung anders zu beschäftigen. Es war lausig kalt auf dem Rad, und ich musste meine Skihandschuhe anziehen. Mit dem alten Zehngangrad schlich ich zwischen Schneewänden den Julierpass hinauf. Entgegenkommende Autofahrer signalisierten mir: Daumen hoch! Ich war der einzige Radfahrer und mächtig stolz.

Im Verlauf dieses Urlaubs weitete ich die Après-Ski-Radtouren noch ein bisschen aus. Schließlich hatte ich ja Licht am Rad. Meine Freundin bekam langsam, aber sicher den ernsten Verdacht, dass bei mir eine Verhaltensstörung vorlag. Manische Depressionen, spätpubertäre Hyperaktivität oder so.

Der nächste Trip in die Alpen fand nicht an Ostern, sondern im Juli statt, und gleich war die Verkehrslage eine andere. Von der Einsamkeit der winterlichen Berge konnte nun keine Rede mehr sein. Ich war zusammen mit Markus unterwegs, und schon nach wenigen Minuten begann er zu mosern. Unter unserer geplanten Pässetour hätte er sich etwas anderes als den Hockenheimring vorgestellt. Wir wollten die bekannte Runde in der Zentralschweiz über Susten-, Grimsel- und Furkapass fahren. Ausgerechnet an einem Wochenende mit idealem Zweiradwetter. Das Dröhnen der Motorräder hallte als Echo die engen Täler auf und ab. Der Lärm machte uns richtig aggressiv. Wir hatten das Gefühl, die Möchtegernrennfahrer gaben absichtlich Gas, um uns zu ärgern.

Als ich Markus erzählte, dass ich auf der Sellarunde in den Dolomiten einmal 120 Motorräder innerhalb von 30 Minuten gezählt hatte, war das kein Trost für ihn. Er bezeichnete von nun an Motorradfahrer mit ihren lauten Maschinen als die »Pestilenz der Alpen«. Auf der Passhöhe des Susten waren an die 100 Mopeds und ihre Besitzer versammelt. Ohne anzuhalten, passierten wir schnell diesen Rummelplatz und nutzten deren Mittagspause für eine freie Abfahrt nach Innertkirchen, die uns für alles entschädigte.

An diesem Tag war ich besser drauf als Markus und redete ihm am endlos langen Grimselpass ständig gut zu. Mit Sprüchen wie »Weit kann es nicht mehr sein« oder »Nur noch eine Kurve« und »Wir sind gleich oben« hatte ich früher schon meine Freundin bei Bergwanderungen zur Weißglut getrieben und hätte daher wissen müssen, dass solche Aussagen die Situation nicht entschärfen konnten. Aber zur großen Freude von Markus machten wir eine Entdeckung, die unser Lieblingsthema Motobike wieder in den Vordergrund stellte. Eine Kerbe im Felsen und ein Wrack mit herausgerissener Gabel kündeten etwas unterhalb der Grimselpasshöhe vom Wagemut eines dieser tollkühnen Helden.

Nachdem wir auch noch den Furkapass hinter uns gebracht hatten, ließen wir uns im Hotel aufs Bett fallen und sahen uns nach unseren 125 Kilometern mit 3500 Höhenmetern eine Flachetappe mit Sprintsieg von Erik Zabel im Fernsehen an. Am Morgen noch hatte uns der Hotelier in Andermatt vor die komplizierte Frage gestellt, ob wir ein Zimmer mit Balkon oder eines mit Fernseher wollten. Wir entschieden uns gegen den Balkon, weil die Tour de France gerade lief.

Am Frühstückstisch am nächsten Tag besprachen Markus und ich die geplante Mountainbiketour und lachten über den Autor des Reiseführers, der eine Schiebestrecke von 50 Metern beschrieben hatte. Die Flasche hatte bestimmt nichts drauf! Wir würden die Passage ganz locker im Sattel bewältigen können, keine Frage! Erst fuhren wir mit unseren Stollenreifen die verkehrsarme, gepflasterte Passstraße am Gotthard – die historische Tremola – bergab, danach folgte die Geländefahrt zum Lago Ritom. Oben am Passo dell'Uomo entpuppte sich die angekündigte Schiebestrecke als total verblockte Tragepassage. Wir verfluchten den dämlichen Autor, während wir die Bikes weiter als einen Kilometer schleppen mussten. Unsere Frustration reagierten wir anschließend am Oberalppass an zwei Rennradfahrern in neonfarbenen Trikots mit einer scharf gefahrenen Attacke ab und ließen sie gemein im Gegenwind stehen.

Als ich ein paar Jahre später wieder nach Andermatt kam, fuhr ich mit Heinrich, Olaf und Hanno die Runde Susten–Furka–Grimsel andersherum. Die Zeiten hatten sich geändert. Nichts war mehr gemütlich. Ab dem Ortsausgang zog das Tempo direkt an und blieb bis zum Ende des Tages hoch. Oben auf den Passhöhen sah ich mich sogar den Vorwürfen ausgesetzt, die anderen würden schon frieren, und ich solle die dämliche Fotografiererei sein lassen!

Die logische Konsequenz war, dass ich dann auch bei offiziellen Rennen im Alpenraum teilnahm. Die Transalp-Challenge mit dem Mountainbike habe ich mehrfach bestritten. Am eindrucksvollsten war eine Etappe mit Start in Meran, in jenem Jahr, als Horst mein Teampartner war. Es galt, Dani mit ihrer Partnerin Anke zu unterstützen, weil die beiden in der Damenwertung Siegchancen hatten. Erstmals standen wir mit einheitlichen Radexpress-Trikots am Start. An der ersten Kurve hinter dem Dorfausgang stand unser Betreuer Kroschi und brüllte: »Vorwärts, Radexpress!« Es klang, als hätten wir die ganze Fankurve von Schalke 04 hinter uns, was sofort weitere Kräfte freisetzte. Wir waren gut drauf und wühlten uns durch das Fahrerfeld nach vorne zur Spitze. Auf dem folgenden Flachstück machten wir richtig Tempo und unserem Teamnamen alle Ehre, indem wir in unserem Bemühen, Dani und Anke nach vorne zu bringen, jede Menge Fahrer wie einen Rattenschwanz mitschleppten. An der nächsten Ecke kam uns ein ganzer Schwung Mountainbiker mit Startnummern entgegen. Ein zweites Rennen? Nein, wegen mangelhafter Ausschilderung hatte sich die Meute verfahren und musste sich nun hinter uns einreihen. So konnte man auch Plätze gutmachen.

Am Beginn des nächsten Anstiegs durch einen urigen Tannenwald saß eine Fahrerin des österreichischen Damenteams mit heruntergelassener Hose am Wegesrand. Durchfall war bei dem Rennstress nicht unüblich. Jedenfalls hatten wir die Österreicherinnen damit erst mal abgehängt. Unsere Mission war heute für unsere Frauen so erfolgreich verlaufen, dass Horst und ich nun unsere Chancen zur Verbesserung des eigenen Gesamtrangs wahrnehmen wollten.

Horst hatte mich bisher jeden Tag, wenn möglich, in den Windschatten genommen und an den Bergen mit Worten gepusht. Bergab ging ich jedes Risiko ein, um an ihm dranzubleiben. Aber an diesem Tag war ich der Stärkere. Wir überholten das führende Damenteam. Nicole, die kleine Powerfrau, hatte ich in Willingen während des Marathons kennengelernt und war ihr damals wie ein Schatten bis ins Ziel gefolgt. Karen, dem blonden Fotomodell, war ich auf Gran Canaria begegnet, wo wir ein paar Trails zusammen gefahren waren. Irgendwie kannte hier jeder jeden. Das ganze Peloton war eine große Familie.

Auf dieser sechsten Etappe des einwöchigen Rennens hätte ich Bäume ausreißen können, wenn wir uns nicht schon oberhalb der Baumgrenze befunden hätten. Es ging mir nicht mehr schnell genug. In der steilen Schiebepassage entriss ich dem gerade leicht schwächelnden Horst kurzerhand sein Bike und rannte nun, unsere beiden Fahrräder schiebend, schneller den Berg rauf als jeder andere um mich herum. Die Euphorie setzte ungeahnte Kräfte frei. Alles ging so leicht.

Doch das Strohfeuer erlosch recht bald. Im weiteren Verlauf des Rennens fingen wir uns einen Platten ein und verloren beim Schlauchwechsel wieder viele Plätze. Dani und Anke kamen bald vorbei. In unserem männlichen Stolz wollten wir uns nicht eingestehen, dass ihr Erfolg in erster Linie ihre eigene Leistung war und nichts mit unserer großartigen Hilfe zu tun hatte. Die Reparatur zog sich etwas länger hin, weil Horst an seiner Gabel noch irgendetwas festgestellt hatte, was er unbedingt meinte prüfen zu müssen. Als der berühmte

Gary Fisher persönlich an uns vorbeikam, wurde es dann aber höchste Zeit, weiterzufahren, wenn wir heute noch eine halbwegs akzeptable Platzierung belegen wollten. In wilder Jagd räumten wir das Feld nun wieder von hinten auf und versuchten, so weit wie möglich nach vorne zu kommen.

Der letzte Streckenabschnitt führte häufig über Asphalt. In einer scharfen Rechtskurve rutschte mir bei hoher Geschwindigkeit das Vorderrad weg. Mein Tacho verabschiedete sich im hohen Bogen fliegend auf Nimmerwiedersehen. Ich hatte mir den halben Hintern aufgerissen und eine tolle »Pizza« am Oberschenkel. Jetzt hieß es aber, sofort wieder aufzustehen, um schnell ins nicht mehr weit entfernte Ziel zu fahren. Erst dort war mit ärztlicher Hilfe zu rechnen. Viele Teilnehmer waren stolz auf ihre orangefarbenen Jodflecken, die von ihrer Heldenhaftigkeit zeugen sollten. Ich hatte die Sturzopfer immer verachtet. Anke allerdings bewunderte ich dafür, dass sie trotz Platzwunde das Rennen weiterfuhr. Sturzfrei durchzukommen war ansonsten das oberste Gebot! Jetzt musste ich mir aber selbst von den Sanitätern die Schürfwunden großflächig orange anmalen lassen.

Abends wurden wir weit außerhalb des Etappenorts hoch oben in einem verlassenen Ski-Resort einquartiert. Ein Bus brachte uns und einige andere Rennfahrer nach Marilleva 1400. Dort saßen wir mit Gary Fisher an einem Tisch beim Abendessen und feierten Danis und Ankes Tageserfolg und unseren 25. Platz.

Am nächsten Morgen sollte uns der Bus wieder abholen. Er kam und kam nicht. Mit den Fahrrädern hätten wir zwar runter zum Startort rollen können, aber was sollten wir mit unserem tonnenschweren Gepäck machen? Zwei Amerikaner, die in der Gesamtwertung ganz weit vorne lagen, wurden total nervös. Mit italienischer Gelassenheit warteten wir ab, bis ein pünktliches Eintreffen am Start zeitlich nicht mehr möglich schien. Dann endlich kam der Bus doch noch und schaukelte mit uns ins Tal.

Alle Aufregung war natürlich umsonst gewesen. Der Startschuss war noch nicht erfolgt, als wir uns endlich ganz hinten anstellen durften. Ich hasste dieses Startprozedere. Jeden Morgen stellten wir uns schon eine Stunde vor Abfahrt in den Block, um möglichst weit vorne zu sein. Dazu wurden wir mit den immer gleichen nervtötenden Songs wie »Highway to Hell« beschallt. Die Unterbringung der Teilnehmer in Turnhallen erinnerte mehr an ein Krisengebiet als an Urlaub.

Richtigen Urlaub wollte ich in den zwei Wochen im Anschluss an diese Transalp-Challenge mit meiner Freundin in der Toskana machen. Doch ich konnte mich vierzehn Tage lang kaum bewegen, weil die Schürfwunden vom Sturz noch große Probleme machten. Der Pool blieb tabu. Sightseeing in Schuhgeschäften ging mit der Verletzung natürlich auch nicht. Dennoch bestand ich darauf, am Ende der Ferien noch in den Abruzzen auf dem Campo Imperatore und in Umbrien im weiten Piano Grande in den Sibillinischen Bergen zwei als sehenswert und landschaftlich äußerst beeindruckend empfohlene Touren mit dem Rad nachzufahren.

Weil mir die Massenabfertigung bei der Transalp nicht mehr gefiel, plante ich im folgenden September eine eigene Alpentour mit dem Rennrad. Der Streckenchef war jetzt ich. Es gab morgens keinen Startschuss, auf den ich warten musste. Sobald mir danach war, konnte ich in aller Herrgottsfrühe losfahren. Wenn es eine fragwürdige Wegführung gab, dann hatte ich zumindest im Vorfeld ein Wörtchen mitgeredet. Es machte mir fast noch mehr Spaß, Touren zu planen, als diese zu fahren. Ich wollte die Route des Grandes Alpes von Martigny nach Nizza fahren. Dafür hatte ich mir vom Arbeitgeber und von der Freundin vier Tage freigenommen. Das Wetter war an allen vier Tagen traumhaft schön. Die Straßen waren um diese Jahreszeit wunderbar einsam.

An jedem Pass gab es trotzdem etwas zu erleben. Den Großen St. Bernhard fuhr ich in einem erbitterten Zweikampf mit einem Schweizer hinauf. Oben am Passschild, das ich trotz seiner Ortskenntnis knapp vor ihm erreichen konnte, bat ich ihn, ein Foto von mir zu machen. Der Idiot knipste dabei den halben Film meiner Analogkamera voll. Am Kleinen St. Bernhard bekam ich dann am Nachmittag eine ausgewachsene Hungermacke. Schwindelig und frierend rollte ich die letzte Abfahrt des Tages abwärts. Im Hotel fand gerade eine Hochzeit statt. Ich war der einzige Gast, der in Radklamotten beim Abendessen saß. Doppelte Portion mit Nachtisch.

Der Almabtrieb war am nächsten Morgen bereits in vollem Gange. Auf dem Weg nach Val d'Isère fuhr ich mitten durch eine Kuhherde, bevor ich gestärkt mit sechs Croissants auf der Abfahrt vom Col de l'Iseran beinahe ein Murmeltier überfuhr, das vor mir mitten auf der Straße saß. Als ich nach dem Col du Télégraphe am späten Nachmittag durch Valloire kam, bemerkte mich ein Mann, der neben seinem Haus saß. Erst musterte er mich, dann sah er auf seine Uhr. Auch ich fragte mich, ob ich noch bei Tageslicht oben ankommen würde.

Auf der Abfahrt vom Col du Galibier wurde es schon dunkel, und ich fror so sehr, dass ich nicht mehr sprechen konnte. Der Mund ließ sich vor Kälte einfach nicht mehr bewegen. Nach wenigen Kilometern bergab hielt ich am Col du Lautaret kurz an, um mich im Gasthaus aufzuwärmen. Im Toilettenspiegel erkannte ich mich kaum wieder. Im ersten Augenblick wollte ich den alten Mann mit den eingefallenen Gesichtszügen mir gegenüber schon grüßen. Aber sein Blick war so hohl, dass ich erschrak und lieber grußlos weiterging. Ich hatte meiner Freundin versprochen, abends immer anzurufen. Meine

Stimme klang ihr total fremd. Ich sagte, ich sei am Etappenziel angekommen. Alles sei in Ordnung. Dann fuhr ich noch 20 Kilometer unbeleuchtet bis Briançon und wärmte mich am Holzofen einer Pizzeria auf.

Über Nacht aufgetaut, fuhr ich am nächsten Tag mit zwei Franzosen zum Col d'Izoard. Ich unterhielt mich blendend mit den beiden Amateuren aus Marseille. Aber langsam gingen mir die französischen Vokabeln aus, und ich suchte mein Heil in der Flucht nach vorn. Später wurde ich am Col de Vars kilometerweit von einem Hund verfolgt. Seit dem Dorf St. Marcellin war er mir auf den Fersen. Anfangs noch ganz unauffällig. Ich dachte ständig, dass er wohl gleich umkehren würde. Noch konnte ich ihn auf Distanz halten. Als er am Dorfausgang auch in die letzte Hofschaft nicht einbog, nahm ich die Verfolgung persönlich.

Langsam steigerte ich das Tempo. Wie weit noch bis oben? Die Steigung zog mir mit jedem Atemzug mehr Kraft aus den Beinen. Locker trabend schaffte es der schlanke, eher kleine Hund, den Abstand kontinuierlich zu verringern. Fremde Hilfe konnte ich hier nicht erwarten. Ich hoffte, dass ein vorbeikommendes Auto das Tier überfahren würde. Aber das wich dem Verkehr clever in den Seitengraben aus und streckte mir sogar die Zunge raus. Inzwischen guckte ich mehr nach hinten als nach vorne. Wenn ich jetzt einen Ausreißversuch starten würde, konnte der Hund ihn vielleicht noch vor der Passhöhe parieren. Und dann wäre alles aus gewesen. Also zögerte ich noch. Die Sache entwickelte sich zu einem Steherrennen.

Als wir die Ansammlung von Souvenirshops am Col du Vars erreichten, ließ sein Interesse an mir nach. Er schaute sich ein wenig bei den Postkartenständern und den feilgebotenen Wanderstöcken um. Erleichtert wollte ich mein Erinnerungsfoto am Kilometerstein des Gipfels machen. Da kam er erneut angeschlichen. Er guckte mich blöd an, als wollte er sagen, dass er mich hätte abhängen können, wenn er dazu Lust gehabt hätte. Es fehlte nur noch, dass er mir an die Reifen pinkelte.

Die Hoteldame in Jausiers laberte mich beim Abendessen zu, und so verdrückte ich mich früh ins Bett. In der Nacht taten mir die Knie dermaßen weh, dass ich glaubte, nicht mehr weiterfahren zu können. Dabei stand mir mit der Cime de la Bonette der höchste Pass noch bevor. Ein 25er-Ritzel war für meine Beine wohl etwas zu dick gewählt. Während der gesamten Auffahrt begegnete mir nicht ein Auto. Am höchsten Punkt der ganzen Tour wollte ein Amerikaner, der neugierig aus seinem Mietwagen gestiegen war, in der dünnen Luft auf 2800 Metern Meereshöhe skurrilerweise mit mir über die Qualität französischer Rotweine fachsimpeln.

Vom Col de la Bonette hätte es bis Nizza eigentlich nur noch bergab gehen sollen, aber ärgerlicherweise war die Talstraße wegen eines Hangrutsches gesperrt, was mich zusätzlich über den Col St. Martin zwang. Ich kam gerade noch rechtzeitig durch die einsetzende Rushhour, um am Mittelmeer ein Foto im letzten Sonnenlicht zu machen. 595 hochalpine Kilometer in vier Tagen. Geht doch!

Nach dieser Tour war ich dermaßen endorphingeschwängert, dass ich noch tagelang auf Wolke Sieben schwebte. Im Gegensatz zur Transalp-Challenge hatte ich hier nicht dasselbe gemacht wie Hunderte andere Sportler gleichzeitig, sondern ich fühlte, dass ich etwas ziemlich Einzigartiges geleistet hatte.

So schöne Erlebnisse wollte ich gerne mit meinen Freunden teilen. Deshalb lud ich zu meinem 40. Geburtstag im Sommer zu einer privat organisierten Transalp über 40 Alpenpässe ein. Um mehr Mitstreiter zu gewinnen, klebte ich überall gelbe »TRANSALP 40«-Aufkleber hin. Mit den übrig gebliebenen Exemplaren kleisterte ich später noch die Schilder entlang unseres Weges durch die Alpen zu. Eberhard und Verena standen sofort als Mitfahrer fest, und meine Freundin erklärte sich unter allerlei Zugeständnissen dazu bereit, das Begleitfahrzeug zu fahren. Beinahe wäre auch noch die kleine Hedwig mitgekommen. Doch auf einer letzten »Testfahrt« durchs Sauerland fuhren wir sie dermaßen aus den Schuhen, dass sie keine Lust mehr hatte, mitzukommen. Meine anderen Radfreunde waren inzwischen so weit, dass sie eigentlich nur noch mit Startnummer herumfuhren. Das konnte ich ihnen nicht bieten. Obwohl wir die ganze Tour mehr oder weniger im Renntempo absolvierten, musste der Spagat geschafft werden, allen Reiseteilnehmern in Sachen Geschwindigkeit und Rahmenprogramm gerecht zu werden.

Zu den Highlights dieser Transalp gehörte die Großglocknerstraße im Schneeregen. Verena war schon zu meiner Freundin ins Auto gestiegen, während Eberhard sich in dem Sauwetter noch bemühte, mich schön auf Abstand zu halten. Am Oberen Nassfeld sah es neben der Straße bereits aus wie im tiefsten Winter. Eberhard ließ sich am Fuscher Törl seine trockenen Ersatzhandschuhe aus dem Auto reichen und fuhr weiter. Ein strategisch ungeschickter Schachzug. Ich nämlich zog mir erst nach dem Hochtortunnel trockene Sachen an und holte Eberhard noch vor Heiligenblut ein, als er bibbernd am Straßenrand wartete, um zu den beiden Frauen ins Auto zu steigen. Toll, jetzt war ich also als Einziger noch im Rennen. Alles, was jetzt noch passierte, war egal. Ich lag in der imaginären Gesamtwertung uneinholbar vorne.

In den Dolomiten bekam ich dann in der steilen, 15-prozentigen Auffahrt zum Passo di Fedaia hautnah mit, dass man als Mann auch mit einer Rad fahrenden Partnerin in großen Streit geraten kann. Das hätte ich niemals vermutet. Eberhard und Verena vertrugen sich aber schnell wieder und waren wohl im Laufe dieser Reise so unausgelastet, dass während der Transalp Töchterchen

Franka gezeugt wurde. Wäre es ein Junge geworden, hätten sie ihn nach einem Etappenort am Fuße des Passo Mortirolo benannt: Monno.

Eberhard und Verena bestanden auf einem Ruhetag. Wieso das denn? Endlich mal richtig gutes Sommerwetter. Wer dachte denn da an Pause? Das leuchtete mir absolut nicht ein. Während die beiden mit meiner Freundin einen Bummel durch Bozen machten, fuhr ich eben eine weitere Etappe allein. Die Runde über Penser Joch und Jaufenpass führte mich nach 155 Kilometern wieder zum Ausgangspunkt zurück, sodass es mit dem Ruhetag der anderen ganz gut harmonierte. Das Sarntal hinauf zum Penser Joch war wirklich ausgesprochen schön. Dieses Erlebnis hätte ich nicht verpassen wollen. Auf der Passhöhe traf ich ein paar nette italienische Vereinsfahrer. Und den Jaufen kann man gar nicht oft genug hochfahren, um ihn später beim »Ötztaler« auswendig zu kennen. An diesem Tag hielten mich aber selbst Eberhard und Verena für total bekloppt und zeigten wenig Verständnis für meine Extratour. Toll, jetzt fielen sie mir auch noch in den Rücken und lieferten meiner Freundin erstklassige Argumente für die nächste Diskussion, wenn es um mein Radfahren ging.

10. Etappe

Tuning

Von unseren Kinderrädern haben wir früher die Reifen abmontiert und sind auf den Felgen gefahren. Mein Freund Michael hatte nämlich einmal einen platten Reifen. Wir wussten uns zunächst nicht zu helfen. Aber dann hatte jemand die schlaue Idee, einfach auf der Felge zu fahren. Erst nur auf einer, dann auf beiden. Es gab so ein tolles Geräusch, wenn man über die Bordsteinplatten fuhr. Die anderen Kinder machten es nun nach. Bald rasten wir fast alle auf unseren Felgen auf dem Bürgersteig hin und her. Eine gute Tuningidee setzt sich eben immer schnell auf dem Markt durch. Nur die Sache mit der Vollbremsung blieb den versierten Felgenfahrern vorbehalten.

Mit seinem Bonanza-Rad war Dirk bei uns überhaupt nicht angesagt. 25 Jahre später wäre er mit seinem Bananensattel voll auf der Retrowelle geschwommen und die coolste Sau gewesen. Trends rechtzeitig zu erkennen, war schon immer schwer.

Sascha war der Erste von uns, der ein richtiges Rennrad hatte. Ein weißes Peugeot. Wir anderen fielen bei unseren Probefahrten damit reihenweise in die Vorgärten, weil es keinen Rücktritt hatte. Sascha selbst ging über den Lenker, als er zu fest die Vorderbremse zog. Das sollte Fortschritt sein? Mein erstes Rennrad hieß »Didi Thurau«. Mehr möchte ich dazu nicht schreiben.

Björn und Arvid aus meiner Nachbarschaft hatten schon Federgabeln und Scheibenbremsen vorne an ihren Mountainbikes, als ich noch nicht mal wusste, dass es so etwas überhaupt zu kaufen gab. Ich fuhr damals noch nicht viel Rad. Die beiden auch nicht. Aber sie hatten das beste Material. Importiert aus Amerika.

Mein Onkel war einer der Ersten, der Klickpedale hatte. Mein Onkel war aber auch der Erste in meinem Umfeld, der sich beide Oberschenkel und das Schlüsselbein beim Radfahren gebrochen hatte. Er besaß einen Titanrahmen, da war meiner noch aus Stahl. Eine Rohloff-Schaltung hatte er auch verbaut. Immer vom Raffiniertesten. Aber dagegen, dass ihm der Haarstrang, eine Erhebung am Ende des westfälischen Flachlands, jedes Jahr höher erschien, konnte er sich kein Zubehör kaufen. Wir vermuteten allerdings eine tektonische Plattenverschiebung. Dagegen konnte man ja nichts tun.

Mein Onkel hätte mir ein warnendes Beispiel sein sollen. Er fuhr zum Beispiel gerne an einem Tag 200 Kilometer rund um den Bodensee. Und war stolz auf 200 000 Kilometer in 25 Jahren. Jetzt war ich selber radsportinfiziert und

machte ähnliche Sachen, über die früher schon bei ihm die ganze Verwandtschaft den Kopf geschüttelt hatte. Aber die jüngere Generation hört ja nie zu.

Meine erste Fahrt mit eigenen Klickpedalen endete damit, dass ich auf einem steilen Singletrail immer langsamer wurde, bis ich die Kurbel nicht mehr herumbekam. In Zeitlupe kippte ich langsam zur Seite und landete auf meinem Ellenbogen. Nichts weiter passiert. Aber meinen Freund Sven hat diese Vorführung so abgeschreckt, dass er bis heute keine Clickies fährt. Ich dagegen zeigte mich nicht lernfähig. Beratungsresistent, wie ich bin, benutze ich seitdem Klickpedale sämtlicher Systeme an allen meinen inzwischen sechs Fahrrädern.

Sechs Fahrräder? Ein gutes neues Carbonrennrad und ein älteres Rennrad aus Alu für Regentage. Ein Crossrad. Ein neues Mountainbike-Fully und ein Hardtail. Und natürlich ein Rad für die innerstädtischen Alltagsfahrten, das auf Diebe nicht ganz so magisch anziehend wirkt. Weniger geht doch gar nicht! Abgelegte Fahrräder verkaufte ich an Freunde oder verjubelte sie im Familienkreis, um im Keller Platz für Neuanschaffungen zu machen. Die Fluktuation war ähnlich hoch wie die Mode schnelllebig.

Einige Trends setzte ich auch selbst. Als ich mit meinem Crossrad das erste Mal beim Radexpress auftauchte, war ich der Zeit aber doch zu weit voraus. Die anderen wollten lieber auf ihren Montainbikes bleiben. Die *Tour* hatte das Thema ebenfalls noch nicht für sich entdeckt. Ich war auch der erste Mann, der beim Radexpress rasierte Beine hatte. Die anderen folgten bald. Der Vorteil war einfach zu offensichtlich. Ohne störende Wolle an den Beinen hatten die »Gegner« einen besseren Blick darauf und waren durch die definierte Wadenmuskulatur, soweit vorhanden, leichter einzuschüchtern. Alle anderen Vorteile rasierter Beine sind nur Gerüchte.

Als ich das erste Mal mit rasierten Beinen zu meiner Freundin ins Bett kroch, war in Sachen Sex-Appeal der Ofen allerdings endgültig aus. In den Augen meiner Freundin hatte ich mit der Beinrasur erheblich an Männlichkeit eingebüßt. Dabei gibt es doch nichts Schöneres als glatt rasierte Beine. Unter der Dusche perlt das Wasser so schön ab, dass man stundenlang zugucken kann.

Jedes Gramm Gewichtsersparnis kostet nach einer alten Faustregel einen Euro. Wollte man also an Vorbau, Sattelstütze oder Kurbel auch nur 100 Gramm einsparen, waren mindestens 100 Euro mehr als bei einem Standardteil fällig. Diese Preisgestaltung überstieg natürlich manchmal unsere Mittel. Wir suchten nach anderen Möglichkeiten und entdeckten an unseren eigenen Körpern gewaltige Reserven. Fettreserven. Na ja, so gewaltig waren sie nun auch wieder nicht, aber 100 Gramm sind am Rennrad schon sehr viel. Wenn wir prüfend an uns hinunterschauten, entdeckten wir 100 Gramm hier und 100 Gramm da.

Die Rechnung war ganz einfach. Gesamtgewicht verbessern und gleichzeitig Geld für überflüssige Lebensmittel sparen. Mit Eberhard entwickelte ich einen Wettstreit. Wer morgens auf der Waage den besseren Wert gehabt hatte, war der Tagessieger. Und immer schön aufgeschrieben! Zahlen konnten so gut motivieren.

Jetzt hielt mich meine Freundin auch noch für magersüchtig. Für einen magersüchtigen Kilometerfresser. Ich hungerte mich bei einer Körpergröße von 185 Zentimetern auf 66 Kilo runter. Natürlich ging dabei auch viel Substanz verloren. Bestimmt zehrte ich innerlich bereits an meinen Organen. Aber das Systemgewicht von Rad und Fahrer war erstklassig. Die Kraft zum Sprinten fehlte völlig, die Berge konnte ich allerdings richtig gut raufflliegen. Auch die Gedanken waren viel klarer. Vielleicht kam ich nur deshalb zu der Einsicht, dass Nahrungsaufnahmeverweigerung in Zeiten von Hungersnöten in Afrika kein politisch korrektes Verhalten war, auch wenn mich das Einnehmen von regelmäßigen Mahlzeiten verdammt noch mal wieder schwerer machte.

Eine wirklich gute Erfindung waren akkubetriebene Lampen. Die neuen Modelle von Lupine hatten nichts mehr mit unseren alten Cateye-Funzeln zu tun. Die Lupines waren in der Lage, nachts den kompletten Wald so auszuleuchten, dass jedes Staubkorn Schatten warf. Es reichte völlig, wenn auf unseren Nachtfahrten zwei Leute von uns diese starken Halogenstrahler montiert hatten. Die restlichen Fahrer konnten quasi ohne eigene Lichtquelle mitfahren. Sofern sie in der Lage waren, Anschluss an die Lichtspender zu halten. Sonst drohte ihnen nämlich der Blackout im finsteren Wald. Gewartet wurde auf den Nightrides des Radexpress genauso wenig wie sonntags bei der letzten Kontrollstelle der RTF.

Wenn ich also nur mit meiner mickrigen Mirage-Beleuchtung am Start war, musste ich zusehen, dass ich den ganzen Abend direkt hinter Horst, dem großen Lichtmeister, fuhr. Selbst bei hohem Tempo im Downhill blieb ich so dicht an ihm dran, dass ich ständig die kleine blaue Ladezustandskontrollleuchte seines Akkus sehen konnte. Sonst sah ich aber nicht viel. Es war die reinste Achterbahnfahrt. Und selten hatte ich eine höhere Adrenalinproduktion als auf diesen Nachtfahrten im Wald.

Rainer hatte sich einen ganz eigenen Strahler gebaut. Mithilfe einer Beschreibung aus dem Internet bastelte er aus günstigen Baumarktteilen ein Gerät, das den Wald hell wie unser Wohnzimmer erscheinen ließ. Leider hatte er während der Fahrt häufig mit technischen Problemen seiner Konstruktion zu kämpfen. Das lag bestimmt an den nicht vorgesehenen Betriebsbedingungen.

Die Variante, vor Horst zu fahren, funktionierte nicht. Erstens hätte der mich nur ungern vorbeigelassen, und zweitens warf man sich, vor einer Lupine fahrend, nur unnötig selbst einen großen Schatten, der genau in Fahrtrichtung sämtliche Wurzeln, Steine und Stufen verdeckte. Und da die Nightrides vorrangig in der kalten Jahreszeit stattfanden, wurden wir manchmal von plötzlich im Scheinwerferlicht auftauchenden Eisflächen überrascht.

Also war die nächste Anschaffung ein Satz Reifen mit Spikes. Wenn man Reifen mit Spikes besaß, musste man damit auch zu Winterrennen wie dem Ice Rider, dem Snow Rider oder dem Winterman, zu Rennen durch die Bobbahn von Winterberg usw. usw.

»Nacktes, behaartes Männerbein zu zeigen,
ist in jedem Fall unangebracht.«

Karl Lagerfeld

Julierpass
2284 m.ü.M.
Radio
DRS / RR
91.9 89.1
Lokal: Piz
97.0

11. Etappe

Ein Tag im Leben

Mit meiner Freundin machte ich mal wieder Urlaub im wunderbaren Engadin. Für meinen seelisch-körperlichen Ausgleich war es wichtig, ab und zu eine schöne Radtour zu unternehmen. Um den häuslichen Frieden nicht zu gefährden, hatte meine Freundin auch keine weiteren Einwände. Sie hätte es allerdings vorgezogen, ich wäre an diesem Tag nicht schon vor dem gemeinsamen Frühstück abgehauen.

Das musste ich aber. Denn die geplante Tour drohte länger zu dauern. Was sie natürlich nicht wusste, aber eigentlich hätte ahnen können. Es ist nicht an vielen Stellen in den Alpen möglich, innerhalb eines Tages mit dem Rad über zehn verschiedene Pässe zu fahren. Und genau das war der Plan. Zehn Pässe – ein Tag.

Dazu musste ich vor sechs Uhr aufbrechen. Wie bei einem ganz normalen Alpenmarathon üblich. Es sollten heute 265 Kilometer werden. Den ersten Halt machte ich bereits am Ortsschild von Maloja, meinem Startort, wo ich das Erste von zehn Passfotos mit Selbstauslöser schoss. So früh war niemand unterwegs, den man um ein Foto hätte bitten können. Die Touristen schliefen noch, die Bauern waren bei den Kühen auf der Alm und die richtigen Bergsteiger längst weiter oben unterwegs.

Eigentlich ist der Malojapass gar kein richtiger Pass, weil er nur in Richtung Bergell deutliche Höhenunterschiede aufweist. Ich wollte aber in die andere Richtung, nach Osten ins Unterengadin. Die nächsten 48 Kilometer ging es leicht bergab bis nach Zernez.

Im Hochgebirge war es noch sehr kalt. Während der wenig anstrengenden Abfahrt kühlte ich ziemlich aus. Die Kälte kroch mir durch die Beinlinge tief in die Kniegelenke. Zwar schien die Sonne und es war ein Tag mit strahlend blauem Himmel, aber mir blieb vorläufig kalt. In der ersten Steigung zum Ofenpass spürte ich bereits mein linkes Knie. Nicht viel später auch das rechte. So ein Mist. Viele Pässe hatte ich heute noch nicht abhaken können, dennoch ging es bereits los mit ersten Verschleißerscheinungen.

Hinter der Anhöhe Ova Spina kamen mir die ersten anderen Rennradfahrer entgegen, die offenbar gerade erst gestartet waren. Obwohl dünner gekleidet als ich, hatten sie mit der inzwischen angestiegenen Temperatur überhaupt keine Probleme. Mir war aber noch durch und durch kalt. Ich war zu früh aufgebrochen. Oder ich hätte mich anziehen müssen wie ein Michelinmännchen.

Aber wohin mit den warmen Sachen ab Mittag? Also lieber frieren und gut aussehen.

Jetzt war ich schon Stunden unterwegs und immer noch nicht auf dem Ofenpass. Irgendwie hatte die Kälte mir richtig die Kraft aus dem Körper gezogen. Ich schlich nur noch. Motiviert einzig dadurch, den nächsten Pass zu erklimmen. Als ich ihn endlich erreichte, zog ich mir sofort einen heißen Kakao rein. Noch einen. Passfoto. Abfahrt zum nächsten. Die Kälte, die ich mir innerhalb der ersten zwei Stunden in den Körper geholt hatte, begleitete mich nun schon die ganze Zeit und war mein größtes Problem. Bis Santa Maria im Münstertal klemmte ich mich hinter drei schnelle Jungs. Die profihaften Typen fuhren in kurz-kurz, während ich nicht mal daran denken konnte, die Beinlinge oder die Jacke auszuziehen. Wärme wird im Körper erzeugt. Also ging ich in die nächste Bäckerei und stopfte mir süße Teilchen rein. Mit der Hoffnung, in der nächsten Steigung warm zu werden, startete ich in Richtung Umbrailpass. Den geschotterten Abschnitt der Auffahrt, den die Schweizer »Naturstraße« nennen, war ich froh bergauf und nicht runterfahren zu müssen.

Der Umbrailpass selbst ist nur ein vorgelagerter Sattel des nächsten Passes, den man von dort aus schon sehen kann. Hier ist auch die Grenze nach Italien. Die Zöllner sahen es nicht gerne, dass ihr Häuschen im Hintergrund des nächsten Passfotos abgebildet wurde. Lieber fuhr ich schnell weiter, bevor die Uniformierten mir Schwierigkeiten machen konnten. Den Stelvio erreichte ich bereits ein paar Minuten später. Jetzt stimmte die Rate, in diesem Takt konnte das Pässesammeln gerne weitergehen.

Oben am Passo Stelvio in 2758 Metern roch es nach Bratwürstchen. Jemand machte freundlicherweise ein Foto von mir. Auf dem Bild war mein Kopf abgeschnitten. Macht nichts, ich trug ohnehin einen Helm. Ich genoss noch die Aussicht auf die andere Seite mit ihren 48 Kehren, dann startete ich Richtung Südwesten nach Bormio. Eine rasend schnelle Abfahrt durch warmen Sommerwind. Dieser Föhn wärmte mich nun endgültig auf. Bergab durch viele schöne Serpentinen und einige Tunnels wurde es mit jedem Meter wärmer. Diese Runde konnte man nicht abkürzen. Der Weg war ganz einfach zu finden. Immer rechts abbiegen.

In den Vormittagsstunden hatte ich schon viel Zeit verloren. Die Sonne hatte den Zenit längst überschritten. Ich musste mich ein wenig mehr beeilen. Deshalb wartete ich mit einer nächsten Verpflegungspause noch ein bisschen. Es kamen ja noch ein paar kleine Örtchen auf dem weiteren Weg zum Passo di Foscagno. Einen kleinen Laden nach dem anderen passierte ich unverrichteter Dinge. Mal hatte ich noch keine Lust, anzuhalten, ein andermal sah ich keine Möglichkeit, das Rad gut abzustellen. Beim nächsten Geschäft schien mir im Vorbeifahren betrachtet das Angebot nicht reichhaltig genug.

Und dann kam auch schon keine Einkaufsmöglichkeit mehr. Nicht mal ein Brunnen. Nichts. Nur noch Lärchenwald. Auch kein Gebirgsbächlein, mit dessen klarem Wasser ich meine Trinkflasche hätte wieder auffüllen können. Nichts? Nichts! Jetzt wurde auch der Kopf immer leerer. Einziger Lichtblick waren die Schilder mit den Kilometerangaben bis zum Pass.

Meine Kehle war längst ausgetrocknet. Noch sieben Kilometer, noch sechs, noch fünf. Pinkelpause. Noch vier. Die Zunge fühlte sich wie ein Stück Holz an. Noch drei. Viel später noch zwei. Unendlich viel später noch ein Kilometer. Ein einziger Kilometer nur noch! Obwohl ich es nicht mehr für möglich gehalten hatte, erreichte ich den Passo di Foscagno irgendwann doch. So war es ja immer mit diesen Pässen. Alles nur eine Frage der Zeit. Beweisfoto am höchsten Punkt. Taumelnd stellte ich die Kamera auf und starrte wie hypnotisiert in die Linse. Ich brauchte etwas zu essen. Dringend.

Meist war ich bei solchen selbst auferlegten Prüfungen seltsam rastlos und wollte die Strecke möglichst schnell hinter mich bringen. Ob ich mich dadurch in Sicherheit vor mir selber bringen wollte? Anstatt die Grenzbeamten um einen Schokoriegel oder einen Schluck Wasser anzubetteln, fuhr ich einfach weiter. Einfach weiterfahren. Das konnte doch nicht die Lösung sein. Ich wusste, dass diese Gegend zollfreies Gebiet war, wo es von kleinen Läden nur so wimmelte.

In Trepalle vor dem Passo d'Eira gab es mehrere Geschäfte. Hoffentlich hatte wenigstens ein einziger Alimentari geöffnet. Hoffentlich gab es nicht nur Zigaretten, Schnaps und Kosmetika. Im leichten Zickzackkurs steuerte ich auf den ersten Taxfree-Shop zu. Er hatte geöffnet. Er hatte Cola. Er hatte Haribo. Er hatte den ganzen Süßkram. Die komplette Palette. Ich war in Sicherheit. Gerettet.

Total albern kam ich mir vor, als ich mit wieder ausgeglichenem Blutzuckerspiegel an die letzten Minuten dachte. Wie kann man so blöd sein und sich leer fahren? Da kamen ein paar Junioren in BDR-Trikots vorbei. Ihr Trainer saß im Teamauto und machte gute Miene. Er hatte ihnen heute wohl ein hartes Programm auferlegt. Da kannte ich ja noch einen. Die ersten Jungs sahen noch ganz fit aus, die nächsten machten schon eher denselben Eindruck wie ich eben, und die letzten waren nun leichte Opfer für mich. Sieg am Passo d'Eira.

In Livigno kaufte ich mir eine leichte Windjacke in einem gut sortierten Radladen. Das Teil stank ein bisschen nach Nikotin, weil der Verkäufer den Laden vollqualmte. Aber das war mir egal. Hauptsache heute nicht mehr frieren.

Die Schatten wurden bereits länger, als ich die elend lange Schräge zum Forcola di Livigno hinauffuhr. Auf halber Höhe entdeckte ich ein Radfahrerpärchen, das ich einholen wollte. Die Steigung zog sich. Ich kam nicht wirklich näher. Die Zöllner rasteten fast aus, als sie merkten, dass ich am Passübergang ein Foto machen wollte. Aber ich ließ mich nicht einschüchtern von ihren martialischen Waffen. Hinter ihrem Rücken drapierte ich heimlich die Kamera so, dass alles schön drauf war. Grenzhäuschen, Schranke, Zöllner, Passschild, Rennrad und ich. Selbstauslöser. Klick.

Am Berninapass holte ich das schon vor einer halben Stunde entdeckte Paar ein. Er schien ein starker Fahrer zu sein, der nur aus Rücksicht auf seine Freundin so locker fuhr. Ich war froh über ein bisschen Abwechslung, und wir fuhren zusammen weiter. Er war sich offenbar nicht ganz sicher, ob ich bereits erkannt hatte, was für ein toller Kerl er war. Auf der Abfahrt nach Pontresina startete er seine Demonstration. Froh über seinen Windschatten, kam ich schön schnell ins Tal. Tolle Leistung von ihm.

Leider hatten wir unterwegs seine Freundin verloren. Er musste warten. Ich musste weiter. Julierpass. Den hochzufahren, war ein unnötiger Abstecher. Unnötig? Weil Maloja in der anderen Richtung lag? Oder unnötig, weil es dunkel zu werden begann? Nein, ganz wichtig! Es mussten heute zehn Pässe werden. So leicht bekam man die sonst nirgends geschenkt. Den Julierpass war ich schon oft von Silvaplana aus gefahren. Es war quasi ein Heimspiel. Dennoch blieb ich heute unter meiner persönlichen Rekordzeit von 28 Minuten ein wenig zurück. Ein wenig mehr als ein wenig. Was mir aber ziemlich egal war.

Jetzt waren es nur noch ein paar flache Kilometer an den Oberengadiner Seen entlang zurück nach Maloja. Man könnte sagen, es war schon dunkel, als ich unsere Ferienwohnung passierte. Meine Freundin bekam die Krise, als sie sah, dass ich einfach freundlich winkend an ihr vorbei weiterfuhr. Ich wollte noch ein letztes abschließendes Foto am Malojapass. Mit Blitzlicht. Es war bereits 21 Uhr. Es hatte, wie von mir vermutet, etwas länger gedauert. Und meine Freundin war mal wieder kurz davor gewesen, die Polizei zu alarmieren.

Aber ich hatte ganz tolle Bilder für meinen Lebensfilm gemacht. An diesem einen Tag im Juli.

12. Etappe

Norwegen

Den nächsten Urlaub wollten meine Freundin und ich in etwas mehr Gemeinsamkeit verbringen als sonst. Wir hatten uns dafür Norwegen ausgesucht. Urlaub mit dem Wohnmobil. In ein Wohnmobil passte immer auch ein Fahrrad. Das konnte man im Urlaub doch meistens gut gebrauchen.

Wir hatten Riesenglück mit dem Wetter. Rekordhitze im hohen Norden. 28 °C. Bei solchen Temperaturen machten die auf den Kanaren zwar noch längst nicht ihre Sonnenschirme auf, aber für uns war es sehr angenehm. Insbesondere wenn man Rad fahren wollte. Wir machten zusammen eine kleine Radtour auf der Hardangervidda. 40 Kilometer Schotterstraße ins Fjell. Relativ flach über die Hochebene. Unendliche Weite. Kein einziger Baum. Kein einziges Auto. Kein Haus weit und breit. Kein anderer Mensch. Kein Tier. Nur wir.

Danach hatte meine Freundin für den Rest des Urlaubs keine Lust mehr auf weitere Radtouren. Ich aber schon! Die Hardangervidda war so riesig, dass man vom Start einer Marathondistanz bis zum Ziel hätte gucken können. Dazwischen nichts. Als Abwechslung nur die beeindruckenden Reize einer eintönigen Landschaft. Sich darin zu bewegen, vermittelte ein unglaubliches Gefühl von Freiheit. Ganz in der Nähe war der Startpunkt des berühmten Rallarweges. Eine 80 Kilometer lange ausgeschilderte Radstrecke auf einem alten Versorgungsweg entlang der Eisenbahn nach Bergen. Hochalpine Szenerie. Kaum Vegetation. Gletscher am weiten Horizont. An der Station Finse jaulten mich angekettete Schlittenhunde an, die mir bestimmt gerne gefolgt wären. Dann ging es bald wieder bergab. Immer steiler abwärts, bis auf Meereshöhe. Unten am Fjord wartete meine Freundin, die mit dem Wohnmobil den Nationalpark von außen umkurvt hatte.

Wir besuchten noch weitere touristische Highlights. Vom Geirangerfjord ging es auf den 1400 Meter hohen Aussichtsberg Dalsnibba. Und über die bekannte Serpentinenstraße Trollstigen. Dabei fuhr ich auf dem Rad durch diese großartige Gegend, und meine Freundin steuerte das Wohnmobil mal vor, mal hinter mir. Norwegen ist so unglaublich groß. Über 2500 Kilometer vom Süden bis in den Norden. Ich überquerte mit dem Rad den Polarkreis. In Lappland fuhr ich auf Straßen, die von Rentierherden überquert wurden. An den Seiten zeigten Schilder die nächste Ortschaft in über 100 Kilometer Entfernung an. Gerne hätte ich die ganze Urlaubsstrecke auf dem Rad zurückgelegt.

Narvik 352
Fauske 100
Rognan 69

Das wäre es doch gewesen! Kurzzeitig hatte ich sogar die Idee, mich aus dem fahrenden Wohnmobil heraus füttern zu lassen und gar nicht mehr abzusteigen. Doch dann musste ich bei dem Gedanken lachen. So etwas machten doch nur die Bekloppten, die nonstop durch Amerika fuhren und sich dabei den Hintern wund saßen.

Dass ich in dieses landschaftlich so großartige Norwegen bald wiederkehren würde, wusste ich zu dem Zeitpunkt noch nicht. Aber ich wusste, dass es mit einem richtigen gemeinsamen Urlaub mal wieder irgendwie nicht geklappt hatte.

Unser allererster gemeinsamer Urlaub war übrigens eine Tandemtour mit Zelt und Anhänger auf der schwedischen Insel Gotland. Und das war damals nicht meine Idee gewesen.

13. Etappe

Osenberg

Wenn du leidenschaftlich gerne mit dem Rennrad durch die Gegend fährst, bist du diesem Typen sicher schon einmal begegnet. Ihm, dem Osenberg. Du fährst wie üblich locker und flach – und zack, schon ist er hinter dir, fährt neben dich und belehrt dich über Sitzhöhe, Trittfrequenz, Pulsbereich und was du wie, wo, wann und woraus zu trinken hast. Von ihm kannst du Namen von Orten seiner großen Radschlachten hören, die du auf keiner Landkarte finden wirst. Obwohl seine besten Jahre längst hinter ihm liegen, plant er bereits für die übernächste Saison. In St. Johann werden auch für die Ü 80 noch die Weltmeisterschaften ausgetragen. Das wird sein langfristiges, stolzes Ziel sein.

Wahrscheinlich gelingt es dir nicht, den Osenberg auf deiner Ausfahrt abzuschütteln. Er wird dich ums Verrecken nicht vorbeilassen wollen. Peinlich genau wird er darauf achten, dass sein Vorderrad immer mindestens zwei Zentimeter vor deinem ist. Dabei referiert er dir innerhalb kürzester Zeit mindestens drei vollkommen unterschiedliche Trainingstheorien. Das kann dich ganz schön verwirren. Deshalb solltest du ihm kein Vertrauen schenken.

Aber vor allem auf einem Fachgebiet, dem Thema Ausreden, ist er unschlagbar. Natürlich wird er dir nicht sofort seine ganze Palette vortragen, aber wenn du gut genug hinhörst, lernst du sie alle von ihm. Der Osenberg kann immer und überall mitreden, denn er besitzt Fahrräder aus jeder Kategorie. Gerne zählt er auch Namen von Ergebnistabellen auf, die aus seinem Munde wie Zutaten von Großmutters Apfelkuchenrezept klingen. Wenn du ihn lange genug um dich hattest, weißt du am Ende überhaupt nicht mehr, was richtig und was falsch ist. Und du machst einfach nur noch alles falsch.

Der Osenberg hätte dich noch sehr viel mehr über Schambeinmassage, Ruhewochen und korrektes Grüßen von Radwanderern lehren können. Aber wenn du körperlich und mental nicht in der Lage bist, die bizarren Trainingspläne des Osenberg einzuhalten, solltest du dich nicht länger von ihm verrückt machen, ihn weiterreden und einfach sein Hinterrad ziehen lassen.

»Ein Bier ist erlaubt. Auch zwei.
Mit Pommes und Mayo solltest du aufpassen.
Aber was echt nicht geht, das sind schwarze Socken.«

Günter Krautscheid

VENDÉE

14. Etappe

Eine RTF ist kein Rennen

Dass eine Radtouristikfahrt kein Rennen ist, das glaubte nur Jens. Vermutlich war er aber auch der Einzige, der noch auf den Spruch »locker und flach« reinfiel. Wer wollte, konnte bei den Veranstaltungen Punkte sammeln und bekam dann am Ende des Jahres schöne handbemalte Kacheln von Claus Winkelsträter für die Vertäfelung seines Partykellers. Aber das war nicht unser Ziel. Wir hatten einen anderen Bezug zu der Sache. Eine RTF ist die ganz hohe Kunst des Rennenfahrens. Im Gegensatz zu einem richtigen Rennen gibt es keine Zeitnahme. Dadurch wird das Tempo immer wieder zermürbend variiert, und es gibt noch viel mehr taktische Spielchen.

Die Marathondistanzen zu bewältigen, dauerte meist den ganzen Tag. An den Verpflegungsstellen musste man sogar anhalten. Oder auch nicht. Wer wusste das schon vorher? Und an den Kontrollen kam man zum Stehen und danach nicht wieder richtig in Tritt. Oft wurde man während der Fahrt mit Sinnlosigkeiten vollgelabert, bis die Ohren überquollen. Die verbalen Attacken waren auch nicht zu unterschätzen. Oder wenn jemand versuchte, mich durch komplizierte Fragen in Sauerstoffnot zu bringen. Es war immer ein Kampf. Eine RTF kann niemand gewinnen. Aber man kann sie verlieren. Es lief bei uns jedes Mal gleich ab.

Hier ein Livebericht einer ganz normalen Sonntags-RTF:

Uhrzeit	
5:30	Daran, dass ich sonntags noch viel früher aufstehe als unter der Woche, hat sich meine Freundin längst gewöhnt. Sie gibt ein murrendes Geräusch von sich, als ich mich still und leise aus dem Bett verabschiede.
5:35	Schnell eine kleine Schale Müsli reinziehen. Der Bauch darf nicht zu voll sein. Vielleicht gibt es heute einen frühen Ausreißversuch, den ich gezwungenermaßen mitgehen muss, wenn ich nicht den Rest des Tages allein sein möchte!
5:40	Licht im Fahrradkeller einschalten. Radschuhe an. Mit dem Standkompressor acht Bar in die Reifen pumpen.
5:41	Der hintere Schlauch platzt. Mir dröhnen die Ohren, bin noch ganz taub. Jetzt dürfte das ganze Haus wach sein.

5:42 Schnell den Schlauch wechseln. Stress! Das war zeitlich nicht eingeplant.

5:45 Auf der Straße vor dem Haus in beide Pedale geklickt. Los geht's zum Startpunkt nach Dönberg.

5:48 Ich treffe unterwegs auf Dani, und wir hetzen zusammen weiter.

5:52 Die ersten Fahrer kommen uns schon entgegen. Das wird heute lange dauern, bis wir die alle wieder eingeholt haben. Ich merke mir einzelne Trikots. Titan Leverkusen. Sprinter Waltrop. RSC Wipperfürth. Es sind heute ziemlich viele Fahrer, die einfach schon vor der offiziellen Startzeit aufgebrochen sind.

5:56 In der Hektik der Anmeldung steche ich mir die Sicherheitsnadel der Startnummer schmerzhaft in den Rücken. Zur Toilette sollte ich auch noch.

5:57 Auf dem Männerklo riecht es wie früher vor einer schweren Klassenarbeit.

5:59 Jetzt beginnt der Offizielle, an die über 200 Starter auf dem Schulhof der idyllisch gelegenen Grund- und Hauptschule die Startstempel zu verteilen. Darauf kann ich verzichten. Erst recht angesichts der Tatsache, dass meine für heute wichtigsten Bezugspersonen schon um die erste Ecke gebogen sind.

6:00 Ein übereifriger Sportwartassistent will mich ohne Startstempel nicht vom Hof lassen. Ich kriege eine erste Panik, bevor ich lüge, dass ich noch etwas im Auto vergessen hätte.

6:10 Ich kann das Loch zu »meiner Gruppe« schließen und den Puls erst mal wieder etwas runterkommen lassen.

6:30 Lauter bekannte Gesichter um mich herum. Die allgemeinen Begrüßungsgespräche werden abgehalten. Der Tag ist ja noch lang. Bloß keine verfrühte Attacke.

6:45 Rainer hat mal wieder verschlafen, schafft es aber zu meiner Überraschung dennoch, zu uns nach vorne aufzuschließen.

6:48 Ein Typ im Trikot von Radsport Wuster, den Rainer mit nach vorne geschleppt hat, ist schweißgebadet und reiht sich gleich brav in die Führungsarbeit ein.

6:50 Das Radsport-Wuster-Trikot fällt als erstes Opfer des Tages nach seinem Führungswechsel aus der Gruppe heraus. Erst jetzt erkenne ich den Fahrer. Es ist Peer, der mir mal in einem Rennen das Fußgelenk blutig gefahren hat. Tschüss!

6:58 Jetzt spannt sich das Team Radexpress geschlossen vor das Feld und erhöht unsanft das Tempo. Die lockere Doppelreihe wird zu einer lang gezogenen Einerkette.

7:02 Wir überholen Holger, meinen alten Radverkäufer, und seine Frau. Er ruft uns nach: »Ihr seid doch verrückt!«

7:15 Ich hatte es befürchtet. Die Gruppe rauscht geschlossen an der ersten Verpflegungsstelle vorbei.

7:17 Der Fahrer vor mir schnäuzt sich zur Seite weg. Ich bekomme den ganzen Rotz ab. An meinen Beinen kleben schon die ersten Fliegenleichen.

7:20 Wir holen das Team Edelweiß Mettmann mit meinem Arbeitskollegen Cerny an der Spitze ein. Cerny kaut noch. Seine Gruppe hat sich gerade ausgiebig an der Kontrolle die Taschen und Münder mit Bananen und Riegeln vollgestopft.

7:21 Ungefragt gibt Cerny mir einen seiner ergatterten Riegel ab. Ich bin glücklich.

7:30 Wie ein Staubsauger sammeln wir immer mehr »Treibholz« ein. Der Schwanz in unserem Windschatten wird ständig größer.

7:45 Jetzt würde ich uns eher als Durchlauferhitzer bezeichnen. Immer weniger der Eingeholten können uns noch folgen.

7:53 Am ersten längeren Berg des Tages zieht Rainer mit seiner unnachahmlichen Nähmaschinentrittfrequenz an allen vorbei.

7:54 Ein gewaltiger Ruck geht durch das Peloton.

8:02 Das Ortsschild Breckerfeld gewinnt Horst unangefochten.

8:04 Eberhard führt das Gruppetto wieder heran. Verena lächelt nicht mehr.

8:10 Peter und Katja sind in ihren blauen Trikots oben an einem Hügel zu sehen. Unser Tempo wird wieder erhöht.

8:22 Wir haben sie eingeholt. Verena lächelt wieder.

8:35 Vor der nächsten Kuppe sagt Cerny, er wolle mich testen.

8:36 Als gäbe es kein Morgen, fliegen wir den kleinen Hügel hinauf. Immer noch 8:36 Uhr. Ich gewinne meine erste Kuppe des Tages. Die Kuppenwertung ist heute mein Ziel.

8:49 An der nächsten Verpflegungsstelle wird angehalten. Endlich zweites Frühstück. Ich schlinge, ohne zu kauen, fünf RTF-Waffeln runter. Im allgemeinen Gedränge schiebe ich mich zur Getränkeausgabe vor. In der Hektik läuft mir klebriger Früchtetee über die Hände.

8:52 Eberhard und Verena fahren weiter. Sofort gefolgt von Peter und Katja sowie Lars und Silke.

8:53 Das gesamte verbliebene Hauptfeld folgt Horsts Kommando zum Aufbruch.

8:55 Rainer kostet noch zufrieden mampfend das gesamte Speisenangebot durch und verliert endgültig den Anschluss.

8:56 Dank meiner Früchtetee-Hände sind jetzt auch die Bremsgriffe klebrig.

9:07 Lars und Silke biegen an der Streckenteilung ab.

9:14 Beim Überholen klopfe ich Brauni aufmunternd auf die Schulter. Osenberg hinter mir schnauzt mich an: »Fahr vernünftig in der Gruppe!«

9:15 Mein Hass auf Osenberg steigt ins Unermessliche.

9:21 Uwe ist in der Führung und fährt jetzt 45 Stundenkilometer. Ich bin an dritter Position hinter Raimund. Der soll mal Fremdenlegionär gewesen sein. Ich betrachte sein Wadentattoo.

9:23 Raimund geht in Führung. Ich starre wie hypnotisiert auf sein Ritzelpaket. Die Kette läuft gut geölt über das kleine 11er. Darunter fließt unscharf die Fahrbahnoberfläche in dünnen, langen Strichen unter uns hindurch.

9:25 Ich fahre im Wind. Die Steigung liegt mir nicht. Mein Puls geht rauf. Ich komme in den anaeroben Bereich. Die Beine beginnen, schwer zu werden. Nichts anmerken lassen.

9:28 Dani löst mich vorne ab. Das Tempo bleibt schön konstant.

9:29 Lutz und Kai, die Vereinskameraden von Cerny, haben offenbar ein Problem damit, hinter einer Frau zu fahren, und starten eine harte Attacke. Wir lassen sie erst mal fahren.

9:30 Cerny informiert mich, dass beide nicht in Form seien.

9:33 Wir passieren eine Wandergruppe, deren Fremdenführer gerade ein Referat über ein Kirchlein hält. Eberhard brüllt: »Langweilig!«

9:37 Frank fährt neben mich und fragt, ob ich den Sprint beim Ortsschild Dohrgaul für ihn anfahre? Ich überlege kurz und sage: »Nur wenn du mich nachher Drabenderhöhe gewinnen lässt.«

9:48 Osenberg macht eine ungewollte Crosseinlage und landet im Straßengraben. Er bleibt liegen. Wir halten uns an den alten Piratenkodex: Jeder Mann, der zurückbleibt, wird zurückgelassen!

10:00 Ob meine Freundin schon aufgestanden ist? Ich bin schon über 130 Kilometer gefahren.

10:05 Der erste Sonntagsfahrer hupt uns an.

10:06 Die Ampel ist rot. Der Sonntagsfahrer ist eingeholt. Eberhard schüttet dem Mann eine Flasche Iso ins offene Seitenfenster.

10:31 Lutz und Kai stehen am Streckenrand und simulieren einen Defekt. Verena lächelt.

10:45 Dritter Kontrollpunkt. Ein Idiot lehnt sein altes Schrottrad gegen meinen neuen Carbonrenner. Beide Räder fallen um. Der kann was erleben!

10:46 Die Gruppe bricht schon wieder auf. Ich konnte nicht mal eine Waffel abgreifen.

10:50 Wir passieren eine Forellenzuchtanlage. Das Wasser leuchtet tiefblau. Am Ufer sitzen einige Angler. Von hinten höre ich wieder: »Langweilig!«

10:55 Hinter Lüdenscheid kommen uns Didi und Sille entgegen. Die beiden fahren keine Rennen mehr.

11:09 Ein roter Golf mit einem Fisch-Aufkleber fährt superknapp an mir vorbei. Ich spüre seinen Außenspiegel an meiner Armbehaarung.

11:28 Jetzt ist Thomas zum ersten Mal in der Führung. Ich hatte ihn den ganzen Tag noch nicht gesehen.

11:29 Wir überholen einen BDR-Kontrollfahrer. Sein leuchtend gelbes Trikot ist er los. Zumindest virtuell.

11:30 Roger bekommt einen Plattfuß. Alle außer Frank wenden wieder die Piratenregel an.

11:34 Eberhard forciert erneut. Verena lächelt nicht mehr. Ich spüre, wie meine Kraft allmählich nachlässt.

11:37 Ich sehe den roten Golf mit dem Fisch-Aufkleber auf einem Parkplatz stehen. Schnell biege ich ab und beschädige den Außenspiegel. Der gehörte seit eben ja quasi sowieso schon mir. Das ist der Dank für die Nächstenliebe des Golffahrers.

11:38 Ich kann sie noch sehen. Die Straße ist flach. Der Wind kommt von vorne. Die Gruppe fährt Belgischen Kreisel und entfernt sich immer mehr. Thomas tritt richtig gut rein.

11:45 Nun fahre ich schon die ganze Zeit alleine meine Aufholjagd und verbrate sinnlos wertvolle Körner. Das letzte Ortsschild des Tages kann ich jetzt schon vergessen. Alles nur wegen des blöden Fisch-Golfs.

11:48 In Kürten beginnt die nächste längere Steigung nach Dörnchen. Im Anstieg habe ich wieder eine Chance, ranzukommen. Zuerst hole ich Verena ein. Eberhard hat auf sie gewartet und zieht uns beide an seinem Hinterrad den Berg hoch. Ganz oben erkenne ich Horst und Dani. Cerny hängt hintendran. Der Rest verteilt sich schön verstreut zwischen Tête de la Course und Gruppetto.

12:02 Wer nicht hinter mich zurückgefallen ist, schafft gerade noch den Anschluss, bevor es in die nächste schnelle Abfahrt geht.

12:05 Wir verlieren gerade Katja, die nicht so gerne die Berge unkontrolliert herunterrast. Peter entscheidet sich, auf sie zu warten. Das Feld lichtet sich zusehends.

12:17 An der Verpflegungsstelle muss es schell gehen. Die Abgehängten sollen keine Gelegenheit zum Aufschließen bekommen. Ich muss mich entscheiden. Pipipause oder Trinkflasche auffüllen. Der Druck in der Blase gewinnt gegen den Durst.

12:18 In der Zeit unserer Pause kriegt der Vettel nicht mal die Reifen gewechselt. Ich muss wieder los und weiß, dass es Richtung Unterzuckerung geht. Und das ist kein Ortsteil von Wuppertal!

12:24 Ich beginne, die Kilometer bis ins Ziel rückwärts zu zählen.

12:31 Wir überfahren eine Ampel an einer verkehrsarmen Kreuzung bei Rot. Horst ruft: »Frei!«

12:32 Markus ist an der roten Ampel stehen geblieben.

12:33 Markus steht immer noch an der Ampel.

12:35 Die Kontaktschleife der Ampel will einfach nicht auf Markus' Leichtbaufahrrad reagieren.

12:36 Ich gucke mich nicht mehr nach ihm um.

12:39 Wir passieren einen Golfplatz. Ich denke: Langweilig!

12:41 Ein großer Heulaster überholt uns. Eberhard klemmt sich sofort in seinen Windschatten. Der Wagen ist breit genug, dass wir dahinter Viererreihe fahren können. Die vorderen bekommen die Auspuffgase zu schmecken. Den hinteren fliegen die herabfallenden Strohhalme um die Ohren, die sich dann in den Helmschlitzen verfangen.

12:55 Ich finde die Muße, einen Blick in das schöne, rasant vorbeifliegende Bergische Land zu werfen. Sanfte, wellige Hügelketten. Felder, Wiesen, Mischwald. Am Horizont zeichnen sich in unterschiedlichen Farbstufen die Berge des Sauerlands ab. Ich erkenne deutlich die bläulich schimmernde Spitze der tannenbewaldeten Nordhelle.

12:56 Auf der Straße vor uns erkennen wir die blau-orangen Trikots unserer Lieblingsrivalen. Team Drückerkolonne. Auf diesen Moment haben wir nur gewartet.

12:59 Wir haben aufgeschlossen und suchen sofort die Entscheidung. Unser Zug setzt sich an die Spitze.

13:04 Der blau-orange Kolonnenführer lässt zum Gegenangriff ansetzen. »Los, die sind sturmreif!«, brüllt Uwe. Meine Oberschenkelmuskeln schwimmen bereits in Laktat.

13:06 Höchststrafe für den Gegner: Nun macht Dani vorne das Tempo. Verena klebt direkt an ihrem Hinterrad. Ich versuche, an etwas Schönes zu denken.

13:07 Ich drohe wegzuplatzen. Auch die anderen fahren am Limit.

13:08 Hinter uns scheppert es. Ein Knäuel blau-orangefarbener Trikots purzelt über die Fahrbahn. Wir haben es geschafft. Wir sind noch vollzählig, der Gegner ist distanziert.

13:13 Der große Hungerast kommt. Wie weit muss ich heute noch?
Ich brauche dringend etwas zu essen.

13:25 An der letzten Verpflegung auf einem kleinen Bauernhof führt eine resolute Oma das Regiment. »Jeder nur eine Waffel!« Sie will mich offenbar in den sicheren Tod schicken. Im verzweifelten Überlebenskampf wende ich eine List an. Ich setze eine andere Mimik auf und stelle mich noch mal bei den Waffeln an. Danach noch mal ohne Helm.

13:28 Die Blau-orangen treffen leicht lädiert ein. Die blöden Affen stürzen sich sofort alle auf die letzte halbe Banane. Wir hauen schnell ab. Ein verletztes Tier ist gefährlich.

13:37 Rainer, Frank und Roger haben eine Abkürzung gekannt. Mit hochroten Köpfen finden sie den Anschluss zu uns. Wir sind wieder komplett.

13:45 Der finale Ortsschildsprint kommt in die entscheidende Phase. Eberhard versucht, uns mit einem hohen Tempo vorzeitig zu ermüden. Dani ist das Risiko eines Sturzes zu hoch. Sie lässt als Erste abreißen. Rainer ist ein Bergfloh und zu leicht für einen kraftvollen Sprint. Roger versucht links vorbei eine Attacke. Vergeblich. Sofort sind alle wieder dran. Roger muss vorne rausgehen. Noch 700 Meter. Frank ist nun taktisch ungünstig vorne. Er macht das Beste daraus und hält das Tempo weiter hoch. Verena schaut sich um. In der Gewissheit des sicheren Sieges der Frauenwertung lässt sie es ausrollen. Noch 400 Meter. Eberhard setzt zum Endspurt an. Horst ist direkt dahinter. Tempo 57 Stundenkilometer. Noch 150 Meter. Horst kommt aus dem Windschatten und fährt unwiderruflich an die Spitze. Obwohl ich nicht mehr daran geglaubt habe, bin ich noch an ihm dran. Noch 20 Meter. Jetzt! Noch 10 Meter. Kurz vor dem Schild kann ich Horst noch überholen. Unglaublich, jetzt habe ich das wichtige letzte Ortsschild doch noch gewonnen. Horst gewinnt aber die RTF, indem er als Erster auf den Schulhof einbiegt.

14:00 Im Zielbereich treffe ich Ernst. Überglücklich isst er seine zweite Bratwurst. Ihm klebt Senf im Bart. Er ist nicht wie wir die 250 Kilometer gefahren, möchte aber im Sommer zum Ironman nach Zürich. Auf einer der Bierbänke sitzt Osenberg. Schon geduscht und mit Mütze auf dem Kopf. Wie hat der das denn gemacht? Warum ist er schon umgezogen? Will er nicht nackt vor seinen Kollegen duschen? Hat er Schwanzkomplexe? Um mich herum das übliche Radlerlatein. Cerny erzählt aus seiner Zeit als tschechischer Spitzenamateur. Verena lacht sich tot. Leider ist die Kuchentheke bereits von den Kurzrundenfahrern leer gefressen worden. Aber Dani hat heute Geburtstag und gibt eine Runde Bier für uns aus. Prost auf den Sieg!

14:15 Eine Gruppe weißhaariger Männer in neongelben Jacken beginnt am Nachbartisch lautstark und ausgelassen Karnevalslieder zu singen. Sie feiern ihre 75-Kilometer-Runde. Oder feiern sie, dass sie graue Wollsocken tragen? Es wird Zeit für uns, zu gehen.

14:30 Während meine Mitfahrer nun zu Hause schön die Beine hochlegen und sich auf ihren Balkonen in die Sonne setzen können, habe ich noch eine weitere Einheit vor mir. Meine Freundin wollte den Tag bei ihrer Familie verbringen, und ich soll jetzt nachkommen. Die lange steile Auffahrt nach Sudberg liegt noch vor mir. 22 Prozent Steigung in der Kohlfurth.

15:17 Ich komme zu spät. Wieder ist kein Kuchen mehr für mich übrig.

15:20 Erschöpft lasse ich mich aufs Sofa fallen. Sofort stürzen sich die kleinen Neffen begeistert auf mich und springen mit Vorliebe auf meinen schmerzenden Oberschenkeln rum. Ich kann nicht mehr und lasse sie gewähren.

15:30 Jetzt wollen sie mit mir Fußball spielen. Ich bestehe darauf, ins Tor zu dürfen.

15:32 Ich lege mich auf die Torlinie. Die Bälle prasseln gut gezielt auf mich ein.

15:45 Die Kids wollen nun mit mir Fahrradfahren. Rennen! Ist klar! Meine Radfreunde regenerieren zu Hause schön, und ich fahre schon wieder Rennen. Damit es keine Tränen gibt, muss ich auf einen weiteren Tageserfolg verzichten.

16:00 Meine Freundin bittet mich, den Rasen zu mähen.

16:50 Ob ich auch die Hecke schneiden kann?

18:30 Nach dem Hacken von einigen Klaftern Kaminholz fange ich mit der Poolreinigung an. Zum Glück sind die Sommerreifen schon gewechselt.

19:00 Ich habe immer noch mein verschwitztes Radtrikot an.

19:10 Sorgfältig reinige ich mein Rennrad mit warmem Wasser und einem Schwamm von Straßenstaub, toten Fliegen und Früchtetee.

19:30 Abendessen mit der Familie.

20:15 Weil mein Rad nicht in das Auto meiner Freundin passt und ich es hier nicht in der Garage stehen lassen will, hänge ich für den Heimweg noch eine letzte Einheit dran. 15 Kilometer über den Hahnerberg. Das ist doch nichts.

15. Etappe

Roubaix

Durchgeknallt waren nur die anderen Radfahrer. Ich selbst hielt mich immer noch für sehr harmlos. Nicht so verrückt wie Markus, der beim Linksabbiegen immer ein Teppichmesser am ausgestreckten Arm raushielt. Wollte er mit dem orangefarbenen Griff den Autofahrern seinen Richtungswechsel deutlicher signalisieren? Ich hörte, er wolle den Verkehrsrowdys damit anzeigen, dass mit ihm nicht zu spaßen sei. Sollten die Autofahrer in ihren dicken Blechkisten etwa Angst vor einem kleinen Messer haben? Sie hätten ihn mit einem sanften Druck auf ihr Gaspedal spielend leicht umfahren können, bis er, das Messer fest im Griff, wortlos unter ihrem Gefährt verschwunden wäre.

Siggi war da schon ein härterer Fall. Er führte beim Radfahren immer eine handliche Dose Tränengas mit sich, das er im Bedarfsfall seinem Kfz-Steuer zahlenden Kontrahenten gerne vorne in die Lüftungsschlitze sprühte. Eine Verfolgung durch die Autofahrer fand in der Regel danach nicht mehr statt. Er war auch sonst nicht zimperlich. Angeblich hatte er ein Bügelschloss so manipuliert, dass es einem gemeinen Fahrraddieb wie eine Bombe um die Ohren geflogen wäre. Die Ammoniakfüllung im Bügel wartete nur darauf, von einer Verbrechersäge erhitzt zu werden. Nein, so verrückt war ich nicht.

Ich war aber so bescheuert, Eberhard und Verena meine Teilnahme an der Hobbyfahrerversion von Paris–Roubaix zuzusagen. Radfahren in Frankreich war etwas ganz Besonderes. Vor Jahren, auf einer Tour durch die Pyrenäen, riefen mir die Leute »Chapeau!« und »Courage!« zu. Das hörte sich schon besser an als das »Hopp, hopp« der Schweizer oder das dämliche »Eins, zwei, eins, zwei« hierzulande. Aber man musste aufpassen, dass einem in Frankreich nicht das Auto aufgebrochen wurde. Insofern war die Logistik ein nicht ganz unwichtiger Teil des ganzen Unterfangens.

Zu dritt fuhren wir in zwei Autos zum Radstadion von Roubaix, wo das Ziel der Veranstaltung sein würde. Dort stellten wir ein Auto sicher neben der Gendarmerie ab. Danach fuhren wir gemeinsam nach Compiègne, dem eigentlichen Startort des Rennens. Insgesamt mussten wir die Strecke zwischen Compiègne und Roubaix also viermal zurücklegen, davon dreimal im Auto.

Paris–Roubaix fand nur alle zwei Jahre statt. Entsprechend groß war deshalb der Andrang im Startbereich. Aber wie bei einer RTF gab es keine einheitliche Startzeit, sondern nur ein Zeitfenster. Fünf Uhr morgens war zwar nicht meine Zeit, aber wir waren trotzdem nicht die Ersten auf der Strecke. Schon bald befanden wir uns in einer Gruppe mit durchtrainierten Italienern auf nagelneuen, sauteuren Carbonrennrädern mit Campagnolo-Record-Vollausstattung. Mit ihren braun gebrannten Beinen legten sie ein gutes Tempo vor.

Wir holten ein belgisches Team ein. Das Peloton wuchs allmählich. Die Landschaft war flach und Windschatten gut zu gebrauchen. Kräftige Charolais-Rinder standen auf den saftigen, grünen Wiesen Nordfrankreichs. Die Kühe glotzten uns mit offenem Maul kauend blöd nach.

Die ersten 100 Kilometer verliefen auf einfachen, meist schnurgeraden Straßen. Dann plötzlich erreichten wir unvermittelt das erste Kopfsteinpflaster. Insgesamt ganze 57 der 265 Kilometer langen Strecke waren auf Pflastersteinen zurückzulegen. 57 Kilometer verteilt auf 30 Sektoren, die Pavés genannten werden. Das längste Pavé war vier Kilometer, das kürzeste nur 200 Meter lang.

Schon nach wenigen Metern auf den kindskopfgroßen Steinen war mir der Spaß vergangen. Die Hände wurden vom Lenker durchgeschüttelt wie bei der Arbeit mit einem Presslufthammer. Alles, was nicht niet- und nagelfest war, lag auf diesen ersten Metern des Pavé Nummer 30 (die Sektoren wurden zum Ziel hin rückwärts gezählt) verstreut. Trinkflaschen, Luftpumpen, Satteltaschen, Riegel etc. Die Carbonlaufräder der Italiener schepperten über den Parcours, als ob sie gleich zerbrechen würden. Es war der reinste Anachronismus. Aber erstaunlicherweise hielt das teure Material. Wie belämmert hetzte ich der Herde hinterher. Dann war der erste Abschnitt geschafft. Hier sammelten sich bereits einige Fahrer, um ihre Durchschläge zu reparieren.

Insgeheim hoffte ich, dass die anderen Pavés besser gepflastert sein würden. Aber ich sollte erleben, dass es noch viel katastrophalere Abschnitte gab. Manchmal wirkte es, als würde man über einen achtlos hingeschütteten Haufen Quadersteine fahren. Deshalb gingen die meisten Fahrer dazu über, den sandigen Rand seitlich des Weges zu benutzen. Das war aber auch nicht viel besser. Und einige Unentwegte bevorzugten nach wie vor die holprige Fahrbahnmitte. Schließlich wollten sie ja Pavés und nicht Bankette fahren.

Es war ein Irrglaube, zu meinen, dass höheres Tempo mehr Komfort bedeutete. Es verkürzte die Qualen nur zeitlich. Alles war wie immer reine Kopfsache. Meine Moral ging ständig weiter in den Keller. Ich hatte durch unnötige Führungsarbeit auf den ersten 100 Kilometern schon viele Körner gelassen. In völliger Fehleinschätzung darüber, welche Hölle mich noch erwarten würde. Nach jedem Pavé kam unsere Gruppe zerfledderter auf den glatten Asphalt zurück. Was für eine Wohltat, einfach nur erschütterungsfrei rollen zu können.

Zwischen der zweiten und dritten Kontrollstelle schienen die Pavés nicht mehr so dicht aufeinanderzufolgen, sodass mehr Zeit zur Erholung blieb. Außer mit Verpflegung konnte man sich an den Ständen auch mit Schläuchen und Reifen eindecken. Nach der Hälfte der Distanz hatte sich unsere anfangs große Gruppe vollkommen zersplittert. In der weiten Ackerlandschaft der Picardie sah man nur noch Zweier- und Dreiergrüppchen.

Ich war mit Eberhard und Verena allein auf weiter Flur. Nichtangriffspakt. Wir wollten alle drei nur noch ankommen. Das Fahrvergnügen hatte heute sehr zu wünschen übrig gelassen. Fluchen half auch nicht viel. Scheiße! Eberhard bekam im Wald von Arenberg einen Platten. Danach war bei uns die Luft raus. Jeder machte seine eigene Krise durch. Gegenseitig motivierten wir uns mit ironischen Bemerkungen zum Weiterfahren. Wie war ich überhaupt in diese Situation gekommen? Ich machte ja eigentlich gar nicht mehr das, was ich ursprünglich wollte. Immer ließ ich mich zu Radveranstaltungen überreden, die mir von vornherein nicht gefielen. Alles nur, um Anerkennung von den Radfreunden zu bekommen? Oder war es, um den mitfahrenden Frauen zu imponieren? Meine Serotonindosis hätte ich mir jedenfalls auch einfacher besorgen können.

Wir bogen ins Velodrom ein und fuhren eine letzte Runde über das betonierte Bahnoval ins Ziel. Die Hölle des Nordens lag hinter uns. Nun standen uns nur noch die kalten Duschen in den historischen Katakomben des ehrwürdigen Radstadions bevor. Nie wieder wollte ich so einen Schwachsinn machen.

Auf der Heimreise mit Umweg über Compiègne zum anderen Auto geriet ich mit 160 Stundenkilometern in eine Radarfalle. Bis heute kam kein Schreiben mit einer Zahlungsaufforderung der französischen Autobahnpolizei. Naiv, wie ich war, nahm ich an, sie unterließen dies aus Respekt vor meiner Leistung. Vorne auf dem Armaturenbrett lag, während das Infrarotlicht blitzte, meine Startnummer aus Roubaix.

Im Jahr darauf machte ich bei der Jedermannversion der Flandernrundfahrt mit. Da waren es nur 15 Kilometer Kopfsteinpflaster. So schön der Patersberg und die Muur von Geraardsbergen im dicht gedrängten Zuschauerspalier auch waren, danach fuhr ich nie wieder freiwillig über mehr als zehn Meter Kopfsteinpflaster.

Mein Jugendfreund André war ein echter Spinner. Er befestigte ein benzingetränktes Stofftuch hinten an seinem Gepäckträger. Dann steckte er es in Brand und kündigte einen Stunt an. Mit ordentlich Feuer unter dem Hintern drehte er vor der begeistert staunenden Kinderschar wie ein routinierter Sechstagefahrer seine Runden im Wendehammer. Eine perfekte Stuntshow. Als Antwort darauf fiel mir nichts Besseres ein, als mir mit einem bereits auf einer Seite brennenden Papiertaschentuch schnell die Nase zu putzen. Aber das hat jetzt nichts mehr mit Radsport zu tun. Genauso wenig wie moderner Radsport etwas mit Paris–Roubaix zu tun hat.

GELS
ROTEC
OLLEM
454.00.90
10261

16. Etappe

Hungerast

Wenn, bedingt durch eine sportliche Ausdauerleistung, im Körper der Blutzuckerspiegel sinkt, spricht man im Radfahrerjargon von einem Hungerast. Ein Ast, der Hunger hat? Oder steckt darin das Wort Rast, die man im Falle einer dramatischen Unterzuckerung ja dringend einlegen sollte?

Während der letzten Saison war ich eher zum Schönwetterfahrer mutiert. Ich machte nur noch kurze Fahrten. Am liebsten durch das goldgelbe Licht der Sommerabende kurz vor Sonnenuntergang. Und ich fuhr kleinere Touren mit meiner Freundin. Nie schnell, nie länger als zwei Stunden. Da fragte mich Eberhard, ob ich ihn begleiten wolle. Lockere Tour ins Sauerland. Ja, warum denn nicht?

Wir rollten los und verließen die Stadt in Richtung Osten. Bis zum Luftkurort Rüggeberg benötigten wir knapp eine Stunde. Hier war ich in den letzten Wochen bereits nach Hause umgekehrt. Durch das lauschige Ennepetal mit seinem munter springenden und glucksenden Bach neben der schmalen Straße fuhren wir hinauf nach Breckerfeld. An der Kuppe zeigte ich mich zum ersten Mal vorne und fuhr eine witzig gemeinte Scheinattacke.

Bisher war Eberhard die ganze Zeit vorgefahren. Ich hatte mich in seinem Windschatten ausgeruht. Mir war klar, dass ich mir wegen meiner mangelhaften Kondition nicht allzu viele Sperenzien auf dieser Tour würde erlauben können. Auf der für Motorräder gesperrten kurvigen Abfahrt runter nach Priorei legten wir uns mit beinahe waagerechter Schräglage in die vielen scharfen Haarnadelkurven. Priorei, das klang nicht nur wie ein böhmisches Dorf. Ich fühlte mich schon weit weg von zu Hause. Bis hierher war ich seit einem Jahr nicht mehr gekommen. Eberhard legte talwärts ein ordentliches Renntempo vor. Ich folgte in seinem Sog.

Auch durch das flache Volmetal lief es für mich ganz gut hinter Eberhards starken Schultern. Dann bogen wir in Rummenohl in eine lange Steigung mit voralpinem Charakter ein. Steile Rampen und Spitzkehren im Nadelwald. Oben angekommen, hätte die Tour an dieser Stelle für mich gerne zu Ende sein können. Toller Ausblick auf die vielen kleineren Hügel im Westen. Ein schöner Platz zum Sterben. »Begrab mein Herz an der Biegung des Flusses!«, wollte ich gerade zu Eberhard sagen. Doch der hatte keinen Bock auf die Aussicht und war schon ungeduldig vorgefahren. Das Beste war wohl, ich blieb bei ihm.

Nach gut zwei Stunden Fahrzeit waren wir bereits östlich der Autobahn A45. Wir kamen nach Bärenstein. Jetzt kannte ich mich nicht mehr aus. Hier war ich noch nie zuvor gewesen. Ein ungutes Gefühl breitete sich langsam in mir aus. Ich schwächelte und war Eberhard nun hilflos ausgeliefert. Aber er zeigte sich rücksichtsvoll. Ganz entgegen unseren normalen Gepflogenheiten kehrten wir zwischen den Trinkwassertalsperren Verse und Fürwigge auf der Terrasse eines Ausflugslokals zu einer Kaffee- und Kuchenpause ein.

Nach zehn Minuten kam die bestellte Cola immer noch nicht. Geschweige denn mein Stück Obsttorte. Und das, obwohl wir fast die einzigen Gäste waren. Unverschämtheit! Was erlaubte sich das Bedienungsfräulein? Eberhard war bereits wieder unter Strom. Konsequent standen wir auf und gingen. Dann eben keine Cola!

Auf der folgenden Steigung wollte mir Eberhard meine Trainingsdefizite mal drastisch vor Augen führen und trat richtig in die Pedale. Sein Tritt sah schön rund aus, wie er sich so von mir entfernte. Mit derselben Geschwindigkeit, mit der er mir davonfuhr, wurde mir immer schlechter. Mein Körper hatte sich so auf die Cola gefreut. Alle lebenswichtigen Organe hatten fest mit einer Cola gerechnet. Ich bekam die Kurbel nur noch im Wiegetritt herum. Kalter Schweiß trat mir auf die Stirn. Das spürte ich trotz des Helms und der sommerlich warmen Außentemperatur mehr als deutlich. Ich fühlte mich nur noch elend.

Als ich langsam aus dem Wald auf die freie Fläche des Bergrückens fuhr, kam Eberhard mir bereits wieder entgegen. Er erkannte meine Situation nicht ganz und munterte mich auf, indem er Yoda aus *Krieg der Sterne* zitierte: »Zu alt er ist. Ich ihn unterweisen nicht kann.«

Obwohl es nun leicht bergab ging, war ich außerstande, hinter meinem Freund zu bleiben. Dabei fuhr er nicht schnell. Aber ich konnte einfach nicht mehr treten. Nur noch rollen lassen. Eberhard war schon wieder weg. Für ihn war klar, dass ich noch direkt hinter ihm sein würde. Mir dagegen war nicht klar, wie ich meiner Freundin am Handy erklären sollte, wo in Herrgottsnamen sie mich jetzt abholen musste. Sinnlos! Das hätte sie nie gefunden. Dann musste ich eben einen Krankenwagen rufen.

Mir wurde langsam schwindelig. Ich rollte nur noch im Schritttempo und wollte mich schon auf den Boden legen. Da erreichte ich mit letzter Kraft das kleine Städtchen Kierspe. Hier musste ich links abbiegen. Das wusste ich selbst in Trance. Auf der linken Straßenseite waren ein paar Geschäfte. Alle geschlossen. Sonntag. Aber, allmächtiger Gott, was sah ich da?

Die Bäckerei war geöffnet. Jemand kam mit einer Tüte aus dem Laden. Sonst hätte ich das gar nicht bemerkt. Ich warf mein Rad ans Schaufenster. Dann stolperte ich hinein. Ich war total neben der Spur und wusste überhaupt nicht, welche von all den gut ausgeleuchteten Leckereien ich bestellen wollte. Auch war ich nicht in der Lage, auszurechnen, wie viel ich mir für meine fünf Euro kaufen konnte. Wie angewurzelt stand ich da und blickte mit großen Augen hin und her.

Da kam Eberhard zu meiner Rettung auf seinen Radschuhen in den Laden geklappert. Er wusste genau, was ich jetzt brauchte. Und er konnte präzise überschlagen, ob das mit meinen fünf Euro bezahlt werden konnte. »Einen Liter Cola und zwei Stücke Pflaumenkuchen, bitte«, sagte er. Ich schwankte vor die Tür und hielt mich an Eberhard fest. Wie war ich ihm dankbar, dass er mir geholfen hatte!

Die Colaflasche leerte ich in zwei Zügen. Während Eberhard die Pfandflasche im Laden zurückgab, stopfte ich mir das erste Stück Kuchen rein. Mein Bauch war nun ziemlich voll. Gespannt wartete ich ab, was passieren würde. Ich musste laut rülpsen. Das schaffte Platz für das zweite Stück Pflaumenkuchen. Unsicher stand ich noch eine Weile vor der Bäckerei. Wie ein Vogel, der gegen eine Scheibe geflogen ist. Dann normalisierte sich mein Zustand ganz plötzlich wieder.

Wir konnten weiterfahren. Das hätte ich nicht für möglich gehalten. Es waren aber noch über 50 Kilometer zu fahren. Ich blieb vorsichtig und befürchtete einen Rückfall. Doch es lief richtig gut. Immer besser, je näher wir nach Hause kamen. Fast hätte ich noch das letzte Ortsschild gewonnen.

Was hatte ich für einen Wahnsinnstrip durchlebt?! Äußerst intensive Gefühle und eine Grenzerfahrung von Geist und Körper. Aber ich schwor mir, fortan mehr zu trainieren, um niemals wieder in solch eine Lage zu kommen.

17. Etappe

Expedition

Ich erinnere mich noch ganz genau an eine weitere MTB-Tour in den Alpen, die allerdings am Eisjöchl scheiterte:

16. September. Acht Uhr, im Frühstücksraum der Pension von Frau Fiegl (mehrfache Altersklassensiegerin des Ötztaler Radmarathons) sitzen sieben erwartungsfrohe Mountainbiker vom Radexpress. Letzte Vorbereitungen beim Packen der Superleichtrucksäcke mit Tipps von Globetrotter Rainer, dann holen wir noch Lars und Silke vom Campingplatz ab. Die beiden haben sich mit weiblicher Logik und aus Vernunft dazu entschieden, die Gruppe nur am ersten Tag zu begleiten. Denn obwohl der Himmel strahlend blau und es angenehm warm ist, droht eine vorausgesagte Kaltfront. Robert führt das Team im gesteigerten Tempo die Rettenbachstraße hoch, wohl in der Hoffnung, dass so keine Attacke geht. 1500 Höhenmeter am Stück. Doch Marc und Carsten sind »neu« und wollen erst mal Stärke demonstrieren. Lars geht mit Leichtigkeit hinterher, schließlich hat er kein Gepäck. Die anderen fahren lieber nur Jan-Ullrich-Tempo.

Oben am Gletscher auf 2860 Höhenmetern sammelt man sich wieder. Warten aufs Gruppetto, Beweisfoto und Einstieg in den tollen Singletraildownhill nach Vent mit dem schönen Namen Ötztaler Urweg. Ohne einen Fuß abzusetzen, brennen wir den Trail runter. Die Zeit vergeht wie im Flug, und der scheinbar nicht enden wollende Weg spuckt uns vor dem Kramlädle in Vent aus. Lars und Silke machen Ernst und fahren von hier über Zwieselstein zurück.

Wir sind spät dran, weil wir uns verquatscht haben. Der Bergmeister des Tages muss noch auf den 500 Höhenmetern zur Martin-Busch-Hütte hinauf ermittelt werden. Marc, Frank, Carsten, Rainer, Roger, Robert lautet die Reihenfolge nach mir unter der Dusche. Drei Minuten drei Euro. Immer noch sieht das Wetter vielversprechend aus. Es folgt Hüttenromantik in Reinkultur. Roger singt die größten Hits aus dem »Musikantenstadl« und Frank erzählt Bärengeschichten aus Kanada. Dazu gibt es Kaiserschmarrn und Bier.

Die Nacht wird schnarchfrei, aber es gibt ein heftiges Gewitter, das aus den Schlafsäcken heraus verhöhnt wird. Am nächsten Morgen ist es neblig und kalt. Robert hat genug gesehen und startet mutig und allein zurück ins Tal. Die verbliebenen Sechs fahren weiter rauf zur Similaunhütte. Erst noch fahrend, dann ist das Gelände zu verblockt. Schieben. Tragen. Erster Schnee liegt. Eine entgegenkommende Wandergruppe ist sprachlos.

Rainer gewinnt den Schildersprint. Auf dem Schild steht: »HEUTE knuspriges Hähnchen 3,90.« Noch ein großes Schneefeld, dann erreichen wir die Hütte auf über 3000 Metern Höhe. In der Hütte verzaubern uns drei Bergfeen mit Köstlichkeiten. Wir geraten ins Schwärmen. An allen Tischen ist die Rede vom Sprengmeister. Als wir wieder vor die Tür treten, haben die Bikes einen dicken Eisüberzug. Wir müssen sie über die Felsen 500 Höhenmeter runtertragen und lachen dabei laut über Hans Rey, der so was angeblich »fahren« kann.

An der mördersteilsten Stelle begegnen wir einem jungen Steinbock. Das Tier springt ganz locker durch den Hang. Das animiert uns, jetzt wieder in den Sattel zu steigen. In wilder Jagd brettern wir Richtung Vinschgau zu Tal. Marc und Rainer wollen vorne sein. Frank und Roger zeigen erstaunliche Downhillqualitäten und folgen im Windschatten. Ich mache Fotostopps, und Carsten geht ein wenig die Körperspannung verloren. Fast jeder fällt mal hin. Zu viel riskiert. Ein erster Schlag in der Felge. Dellen in Rahmen und Gabel. Ein Loch in der Regenjacke. Aber keinen Platten!

Doch kurz bevor wir den rettenden Asphalt erreichen, erwischt es Roger noch mal unglücklich auf nasser Wiese. Die Magura zerbricht und die Felge hat einen Riesenachter. Zudem setzt nun starker Regen ein. Es geht nicht mehr weiter. Ende! Wir entscheiden uns gemeinsam für Bus und Bahn. Obwohl wir fest entschlossen waren, das Eisjöchl zu erreichen, ist keiner traurig. Die Stimmung bleibt gut. Die Tour war ein voller Erfolg. Man kann ja noch mal wiederkommen …

Arrivée
LA LIBERTÉ
Arriv
OCHSNER SPORT
GRUYÈRE CYCLING Tour
Casino Barrière Fribourg
TEKER
LE GRUYÈRE SWITZERLAND
1951
1418

LE GRUYÈRE
SWITZERLAND
OCHSNER SPORT
231

PRIMUS
KBC

18. Etappe

Jedermänner

Eine Werbeagentur, die das große Geld machen wollte, bräuchte nichts anderes zu tun, als irgendwo in Deutschland ein sogenanntes Jedermannrennen zu organisieren. Hohe Teilnehmerzahlen sind garantiert. Und das Startgeld ist auch schön hoch. Das Risiko bleibt zudem gering. Wenn etwas dazwischenkommt, wird die Veranstaltung einfach wieder abgesagt und obendrein die bereits gezahlte Startgebühr einbehalten. Die Rennfahrer in spe können einzeln schwerlich dagegen vorgehen. Und wenn doch? Die Masse macht den Umsatz.

Eigentlich erstaunlich. Die meisten Radfahrer halten sich für Individualisten. Dennoch melden sie sich zu einer Veranstaltung an, wo sie als Jedermann bezeichnet werden.

Die Eventagenturen rühren kräftig die Werbetrommel in allen Medien. Tolle Sprüche, klasse Layout, brillante Fotos. Mitmachen, Held sein! Auch ich schlug oft bei meinen Radfreunden auf die Stimmungspauke, um sie zu überreden, mich zu dem einen oder anderen Rennen zu begleiten, von dem ich gelesen hatte oder wusste, dass es eine super Veranstaltung war.

Wenn mich dann tatsächlich jemand begleitete und wir morgens zusammen im Startblock standen, spätestens dann begann ich, mich zu schämen. Wovon hatte ich geredet? Erlesenes Starterfeld? Tolle Atmosphäre? Die Organisation war unter Umständen wie versprochen perfekt. Aber die Leute, die am Start um uns waren, konnten ernsthafte Zweifel daran aufkommen lassen, dass man sich auf der richtigen Party befand.

Da standen wir nun peinlich berührt zwischen durchtrainierten, gefährlich aussehenden Fahrern in professioneller Vereinskleidung auf der einen und eigenwillig kostümierten Radlern auf der anderen Seite. Erlesenes Starterfeld? Wohl eher bunte Mischung! Vermutlich wollten etliche Teilnehmer der Jedermannveranstaltung auf diese Art ihre Individualität herausstreichen. Welches Bild ich selber abgab, habe ich mich nie gefragt. Letzten Endes war ich aber Teil des Ganzen. Einige waren in blaue Plastikmüllsäcke gehüllt. Andere trugen ihre dicksten Winterjacken mit Schal und Helmmütze. Manche hatten sich Hauben auf ihre Helme gestülpt und sahen aus wie meine Oma beim Duschen. Da waren Typen neben uns, die erinnerten in ihrem Outfit stark an Inspektor Clouseau, Catweazle oder auch Sherlock Holmes.

Das Schlimmste aber war, dass diese haarigen Monster mir auf der Rennstrecke spätestens ab dem dritten Berg hochgradig gefährlich werden konnten.

Wenn ich ohnehin schon zu kämpfen hatte und dann auch noch von einem Mann mit unrasierten Beinen in Sandalen überholt wurde, geriet ich unweigerlich in eine schwere Krise.

Die meisten Jedermänner standen im Startblock zwar möglichst weit vorne, besaßen aber absolut keine Erfahrung, wie man sich in einem dicht gedrängten Peloton bei Tempo 45 zu verhalten hat. Besonders bei flachen Rennen blieben die Jedermänner über ihre Verhältnisse hinaus lange im Hauptfeld dabei. Die Folge waren permanente Stürze.

Das Jedermannrennen in Hamburg hatte über 20000 Teilnehmer. Ich wusste gar nicht, dass es so viele Rennräder in Deutschland gab. Mir war aber klar, dass nur ein geringer Prozentsatz davon versierte Rennradler mit Gruppenerfahrung sein konnten. Hamburg war die größte Lutscherparty. Nirgends erlebte ich mehr Stürze. Ständig krachte es, und wilde Schreie ertönten. Zum Glück meistens hinter mir (was jetzt aber nicht auf meinen eigenen Fahrstil hindeuten sollte). Im dichten Feld schmerzten mir die Hände schon bald vom vielen Bremsen. Man musste höllisch aufpassen. Im Sog der großen Masse an Fahrern gab es kaum Windwiderstand. So konnten die Jedermänner ohne Weiteres schneller fahren, als es ihre Kondition eigentlich zuließ. Wer immer nur im Windschatten der anderen fuhr, galt als »Lutscher«. Wenn so ein Lutscher stürzte, war niemand traurig. In den vier Stunden, die ich auf der 160 Kilometer langen Strecke in Hamburg unterwegs war, sah ich mehr Stürze als in einer ganzen Woche Transalp. Verena wurde in Hamburg am Ende unversehrt schnellste Jederfrau der A-Strecke.

Ein paarmal fuhr ich auch das Jedermannrennen in Köln mit. Ich erinnere mich noch genau. Der Tag begann sehr schön. Vor den Jedermännern startete das Profirennen auf gleicher Strecke. Dadurch konnten die Veranstalter die Kosten für die Absperrungsmaßnahmen reduzieren, was sie 1:1 an die Teilnehmer weitergaben. Oder etwa nicht?

Beim Einrollen kamen mir Jan Ullrich und Erik Zabel entgegen. Die beiden braun gebrannten Stars strahlten eine richtige Aura aus. Und natürlich hatten sie genau bemerkt, dass ich in dem Moment schneller unterwegs war als sie. Doch dann stand ich eingezwängt im Startblock 1 zwischen Typen, die angeblich heute ganz schlechte Beine hatten. Typen in original türkisen Frotteeschlafanzug-Beinlingen. Typen mit scheußlichen Trikots und dicken Bäuchen. Typen mit riesigen Luftpumpen am Rahmen und Fallschirmen in ihren Satteltaschen. Typen mit weißen Waden oder mit schwarz behaarten oder gleich beides in Kombination. Und Typen, die sich gerade erst nebenan auf ihrem Rollentrainer warm gefahren hatten.

Nachdem ich ungefähr eine Stunde damit zugebracht hatte, mein Rad davor zu bewahren, umgeworfen zu werden, tauchte Cerny auf und zeigte, wie man es richtig machte. Er kam in letzter Sekunde vor dem Startschuss und stellte sich einfach vorne rein. Wenn man nicht aufpasste, bekam man jetzt noch vom Kettenblatt des nervösen Nebenmanns ein öliges Tattoo auf die Wade gedrückt.

Endlich ging es los. Viele Jedermänner waren schon nach wenigen Hundert Metern von dem angeschlagenen Tempo der Leute mit den »schlechten Beinen« sichtlich überfordert. Beim Überholen dieser geplatzten Möchtegern-Rennfahrer hatte ich manchmal den Eindruck, sie würden fast stehen. Den Eindruck eines Siegfahrers konnte ich selbst aber auch nicht besonders lange vermitteln. Bis zum ersten Berg gelang es mir noch, mich in der Spitze zu behaupten. Ich fuhr sogar ganz vorne im Wind. Vor allen Jedermännern. Ein Gefühl, als laufe man vor einem fahrenden Schnellzug her.

Meine Groupies Rainer und Markus sollen angeblich an der Strecke gestanden haben, aber ihre Anfeuerungsrufe verpufften ungehört. In Kehre zwei hinter dem Altenberger Dom fragte mich Tim, der neben mir fuhr, wie es gehe. »Na ja, geht so!«

Den Rest des Hügels lutschte ich an Karl-Heinz Kundes Hinterrad. Der Mann war mal Träger des Gelben Trikots bei der Tour de France gewesen. Allerdings vor etwa 50 Jahren. Zahlreiche Zuschauer an den Stimmungsnestern erkannten ihn und jubelten uns laut zu.

Am Bensberger Schloss ließ ich mich vom Gebrüll der im engen Spalier stehenden Zuschauer das Kopfsteinpflaster hochtragen. Solange ich Florian mit den Augen verfolgen konnte, war mir nicht ganz klar, worin seine Taktik, heute für mich fahren zu wollen, eigentlich bestand. Inzwischen hatte ich mich bei den Versuchen, zu ihm nach vorne aufzuschließen, ganz schön plattgefahren. Cerny war in der Gruppe, die mich nach scheinbar endloser Solofahrt einholte. Ich war am Ende. Das Rennen noch lange nicht.

An der Schmitzebud bemerkte ich, wie bei mir langsam die Lichter ausgingen. Im Rheinufertunnel wurde es dann vollends dunkel.

Die Angehörigen der Jedermänner standen in rauen Mengen im Zielbereich. Manche hielten stundenlang eine Kamera im Anschlag. Sie warteten auf die erfolgreiche Sprintankunft ihrer Lieblinge. Oder warteten sie auf einen Massensturz? Den bekamen sie im Minutentakt serviert.

Die Platzierung stand später irgendwo im Internet und interessierte niemanden mehr. Das Geschäft war gelaufen. Auf zum nächsten Event!

Heute las ich in der neuen *Tour*, dass der Radmarathon im Berchtesgadener Land nächstes Jahr nicht mehr für Jedermänner organisiert werden soll. Stattdessen setzt der Veranstalter auf eine neue Zielgruppe. E-Bike-Fahrer. Die Leute, die sich mittels Hilfsmotor die Berge hochschieben lassen, so ergab vermutlich eine Erhebung, verfügen über noch mehr Kaufkraft.

So läuft's Business!

HUTCHINSON SHIMANO
SIDI
SIDI
50 EURO

19. Etappe

Siegprämie

Man muss kein Siegfahrer sein, um an das große Geld zu kommen, das einem im Radsport geboten wird. Ein Großteil der Radfahrer begnügt sich aber mit den üblichen Finisher-T-Shirts. Das muss nicht sein. Das Geld liegt auf der Straße. Wenn ich mit offenen Augen durch die Gegend fahre, dann flattern mir immer wieder mal Geldscheine über den Weg. Das passierte bisher zwar nur ungefähr alle 10 000 Kilometer einmal, aber war doch immer wieder eine großartige Belohnung für die zurückgelegten Strecken. Manchmal fielen auch Autofahrern die Geldbörsen, die sie nach dem Tanken auf dem Autodach vergessen hatten, in der ersten Kurve auf die Straße. Ehrlich, wie ich war, gab ich alles, was mit Ausweisen den Eigentümern zuzuordnen war, bei der Polizei oder an der Haustür ohne Abzüge wieder zurück. Trotzdem kam ich auf einen guten Schnitt, denn ich war mir nicht zu schade, selbst für Centbeträge zu stoppen.

Nicht alle Radfahrer waren bereit, für Geld, das auf der Straße lag, anzuhalten. Bei einer RTF sah man manche Satteltäschchen auf der Fahrbahn liegen, in denen neben einem neuen Schlauch oft auch Bargeld steckte. Die rechtmäßigen Besitzer hatten sie wohl im Eifer des Gefechts verloren. Doch der Verlust des Windschattens wog offenbar schwerer, sodass die Sachen einfach liegen blieben. Vielen Teilnehmern fielen die Geldscheine auch an den Verpflegungsstellen aus dem Trikot. Beim Ötztaler Radmarathon lagen einmal 50 Euro an der letzten Labe vor dem Timmelsjoch. Diese Prämie sackte ich gerne ein. Es waren zu viele Leute anwesend, die sofort »Hier!« geschrien hätten.

Osenberg soll angeblich einmal bei einer RTF Euromünzen fallen gelassen haben, um seine Verfolger abzuschütteln. Aber die meisten Radsportler sehen Geld und andere auf der Straße liegende Wertsachen gar nicht. Man macht sich besser nicht bewusst, wie blind viele Verkehrsteilnehmer sind!

Ein weiteres Geschäftsfeld wäre es gewesen, am Straßenrand liegende Pfandflaschen einzusammeln. Innerstädtisch sind die Claims längst abgesteckt. Dort sieht man zahlreiche Leute auf Fahrrädern, die von einem Glascontainer zum nächsten fahren, um Leergut aufzulesen. Aber die Landstraßen sind den fitten Radlern vorbehalten. Da hätte ich mit einem großen Rucksack ausgestattet auf so mancher Tour einen guten Stundenlohn erzielt. Solche Gedanken waren meinen Trainingsfreunden natürlich total fremd. Anhalten zerstört die Durchschnittsgeschwindigkeit.

Bei einem Kriteriumrennen wurden für manche Rundengewinne Sachpreise ausgelobt. Ich traute meinen Ohren nicht, als der Streckensprecher zwei Maurerkellen als Prämie für den nächsten Sprint ankündigte. Und trotzdem wurde um diesen Preis gekämpft, als ginge es um die Weltmeisterschaft. Für mich wäre der absolute Hauptgewinn gewesen, wenn ich meine Freundin ambitioniert aufs Rennrad bekommen hätte.

Seitdem ich mich aktiv für den Radsport begeisterte, fielen die Geburtstagsgeschenke meines Onkels viel großzügiger aus. Ich erhielt hochwertige Reifen oder edle Funktionswäsche. Selber gab ich auch eine Menge Geld für mein Hobby aus. Den Kauf neuer Klamotten, einer teuren Sonnenbrille und schicker Radschuhe konnte meine Freundin nur zu gut nachvollziehen. Bei der Anschaffung neuer Fahrräder stieß ich bei ihr allerdings auf Widerspruch. Letzten Endes sah sie jedoch vollkommen ein: »Du musst es selbst wissen. Es ist ja dein Geld.« Ja, aber um wenigstens meine Verschleißteile zu finanzieren, reichte das gefundene Geld dann doch nicht.

20. Etappe

Bergpreis

Mein Dortmunder Verein trug alljährlich im September seine Vereinsmeisterschaft mit einem Bergrennen aus. Der Bergschlacht von Wiblingwerde.

Jedes Jahr war es das gleiche Schauspiel. Obwohl sich alle Fahrer persönlich gut kannten, musste immer wieder mit Überraschungen gerechnet werden. Am Treffpunkt in Dortmund-Aplerbeck wurden vor allem diejenigen taxiert, die sich in der Saison bisher nicht oft hatten blicken lassen, aber jetzt in verdächtig braunen Beinen ihre gut geölten Wadenmuskeln zucken ließen. Wer im Vorjahr schlecht abgeschnitten hatte, wurde auch heuer nicht zum Favoritenkreis gezählt. Mein Debakel bei der vergangenen Austragung hatte ich zwar nicht vergessen, doch hatte sich nun ein ganzes Jahr lang die Illusion aufbauen können, es diesmal allen zu zeigen. Nachts konnte ich schon nicht mehr einschlafen. Im Bett suchte ich nach den passenden Worten für meine Dankesrede bei der Siegerehrung. Das war mein einziges Problem.

Andere bereiteten sich etwas gezielter vor und fuhren in den Wochen vor dem Wettkampf x-mal den Hügel zwischen Nachrodt-Wiblingwerde und Hallenscheid hinauf. Ich konnte das nicht. Der Fuß des Berges im Lennetal war einfach zu weit weg, um dort täglich trainieren zu können.

Als Vorbereitung (und um ein bisschen den dicken Max zu machen) fuhr ich zum Einrollen die 60 Kilometer mit dem Rad zum Treffpunkt. Dabei verfranzte ich mich in der mir unbekannten Innenstadt von Dortmund wie im Labyrinth von Knossos. Aber ich kam pünktlich um die Ecke, als sich der Tross samt Begleitautos in Bewegung setzte. Eine Pause wäre nicht schlecht gewesen. Ich hatte bereits für das nächste Jahr die Erkenntnis gewonnen, dass es wohl besser war, wie die anderen mit dem Auto zum Abfahrtsort zu kommen. Aber wer konnte mir denn gefährlich werden? Ich sah mich genau um. Nein, ich hatte heute alle Chancen.

Die gemeinsame gemütliche Anreise zum fliegenden Start in Wiblingwerde diente zum einen der Pflege der sozialen Kontakte und wurde zum anderen gerne genutzt, um den Rivalen an dem kurzen, hinter Schwerte gelegenen Berg namens Schälk ein wenig auf den Zahn zu fühlen. Es lief prima. Wie letztes Jahr.

Kurz vor dem eigentlichen Start des Bergrennens gaben wir unsere Jacken, Helme, Trinkflaschen und jedes unnötige Gramm Gewicht am Begleitauto ab, in dem auch die Kamerafrau saß. Alle Fahrer waren einheitlich in Vereinsfar-

ben gekleidet. Jeder gab noch ein paar letzte Floskeln über die angeblich nicht vorhandenen eigenen Ambitionen ab. Dann erfolgte an einer Abzweigung mit 345-Grad-Winkel der fliegende Start mit einem harten Antritt.

Die Geräuschkulisse war eine ganz andere als noch beim Windschattenfahren durch das Lennetal vor ein paar Minuten. Die Hektik der schnellen Bewegungen, das Rasseln der Ketten beim Schalten und die laute Atmung ließen keinen Zweifel aufkommen, dass man sich inmitten einer Bergschlacht befand. Eberhard fiel die Kette ab. Hinter mir hörte es sich sogar nach einem Sturz an. Eine lang gezogene Einerreihe raste durch das kurze Flachstück. Ich war noch vorne mit dabei. Wir fuhren erst seit einer Minute, also war es zu früh, um zu attackieren. Das hätte ich bei dem Tempo sowieso nicht mehr gekonnt. Thomas und Jonas konnten aber sehr wohl. Jetzt wurde es noch anstrengender für mich. Und der Berg begann hier, richtig steil zu werden.

Bis zur nächsten Kuppe hielt ich die Position. Das folgende Flachstück war eine »falsche Gerade«. Es ging in Wirklichkeit weiter bergauf. Obwohl ich das wusste, hatte ich insgeheim gehofft, die Beine könnten sich hier erholen. Das Gegenteil war der Fall. Ging es den anderen auch so schlecht? Sieger sehen immer so locker aus.

Ebenfalls ganz locker fuhr nun Alex an mir vorbei. Und jetzt auch noch Claus. Ich musste mich wohl nach hinten orientieren. Jörg und Marc hießen auch diesmal wieder meine Gegner. Da kam Eberhard, vollgepumpt mit Adrenalin, Blut an der Hose und Öl an den Fingern, von hinten angeschossen. Spontaner Einfall. Ich blieb einfach an ihm dran! Ein paar Sekunden später änderte ich den Plan wieder. Sollte er doch fahren. Hauptsache Daniel mit seinem Triathlonaufsatz auf dem Lenker überholte mich nicht. Und Jörg und Marc konnte ich auch weiterhin in Schach halten.

Jemand hatte unleserliche Namen auf die Straße gemalt. Als ich aus dem kurvenreichen Waldstück auf der fjellartigen Ebene in den Wind kam, fühlte ich mich mal wieder wie eine ausgekotzte RTF-Waffel. Bloß nicht umsehen! Die Jungs hinter mir hätten das als Schwäche deuten können. Ein paar Minuten später war der Spuk dann auch schon wieder vorbei. Ich wurde erste Frau! Verena wurde Vereinsmeisterin und Heinrich Gesamtsieger.

Meine Rede musste ich auf das nächste Jahr verschieben. Auf der Rückfahrt bot sich den Besiegten die Gelegenheit, wieder auf sich aufmerksam zu machen – freilich in weitgehend unbeachteten Aktionen. Bis zur nächsten Bergschlacht würden sie die Niederlage vergessen haben.

Saeco

21. Etappe

Rasender Reporter

Neben dem Radsport war das Fotografieren meine zweite Leidenschaft. Eigentlich fing es mit den schönen Radsportfotos in den Fachmagazinen an. Das hatte mich nicht nur motiviert, die dargestellten Motive nachzuleben. Ich wollte auch selbst solche Bilder machen, um mich an langen Winterabenden an den Erinnerungsfotos aus einem schönen Radsommer zu ergötzen.

Fotos gemacht hatte ich natürlich schon immer. Meistens auf Reisen. Aber in einem Sommerurlaub fing ich an, bevorzugt nur noch Fahrradaufnahmen zu machen. Bis dahin war meine Freundin noch mein Lieblingsmotiv gewesen.

Eines schönen Morgens während unseres Urlaubs in Maloja sagte ich meiner Freundin, dass ich mal eben die Frühstücksbrötchen holen würde. Das Licht draußen war sensationell. Also fuhr ich mit dem Mountainbike etwas den Berg hinauf, um einen besseren Blick zu haben. Je höher ich kam, desto besser wurde die Aussicht. Am Ende trug ich das Rad, immer wieder von Fotopausen unterbrochen, über den alten Römerweg am Septimerpass. Erst drei Stunden später kam ich wieder zurück. Zum Glück hatte ich die Croissants nicht vergessen. Es hatte mal wieder etwas länger gedauert.

Radfahren und Fotografieren in Kombination war noch zeitintensiver, als Radsport allein ohnehin schon ist. Als ich dann damit begann, mit der Selbstauslöserfunktion zu arbeiten, kam ich eigentlich kaum noch vorwärts. Aber die Suche nach immer neuen Locations für tolle Shots trieb mich auch ständig wieder an. Irgendwann begann ich, Selbstauslöserfotos von mir und meinem Rad an sämtlichen Passschildern in den Alpen zu sammeln. Solche mit angespannten Muskeln, versteht sich. Noch immer bin ich damit nicht ganz fertig.

Einige Jahre schrieb ich RTF-Berichte für die *Tour*. Zum Text musste auch jeweils eine Fotoauswahl eingereicht werden. Zu diesem Zweck spezialisierte ich mich auf das Fotografieren von Radgruppen, die sich in voller Fahrt befinden. Wobei ich nicht passiv am Rand stand, sondern Teil dieser Gruppen war. Entgegenkommende Autos konnten da sehr gefährlich werden. Auf vielen meiner Bilder formt eine Gruppe von Radfahrern mit den Lippen deutlich ein O wie bei Auto.

Sehr unbeliebt machte ich mich auch, wenn ich am Feld vorbeifuhr, um das Peloton von vorn zu knipsen. Das wirkte oft überheblich, war aber nie herablassend gemeint. Es galt die alte Fotografenregel: Nur wenn man auf dem Altar steht, kann man ein schönes Hochzeitsfoto machen!

Die Fotografierten wurden aber oft sauer und reagierten mit einer Temposverschärfung, um meine Eskapaden zu unterbinden. Was sollte ich machen? Ich war verpflichtet Bilder abzuliefern. Mein Job war, »Rasender Reporter« zu sein.

Es entstanden viele schöne Bilder. Und für das Brautpaar zählt am Ende auch nur das gelungene Erinnerungsfoto. Später hat sich nie ein Fahrer über mangelnde Qualität beklagt. Immer nur Ärsche von hinten zu fotografieren, ist einfach nicht attraktiv. Auch wenn es sportliche Ärsche sind. Es gab selbst in dem eingeschränkten Motivbereich einer fahrenden Radgruppe viele neue Blickwinkel zu entdecken. Diese zu finden war mir oft eine größere Freude, als ein Rennen mit einer guten Platzierung zu beenden.

Fast ein Wunder eigentlich, dass ich bei meinen waghalsigen Fotomanövern nie gestürzt bin. Die Kamera im Griff, blieb ja nur eine Hand zum Bremsen übrig. Ein einziges Mal rutschte mir aber der Fotoapparat aus den Fingern. Ich war mit hoher Geschwindigkeit über eine Bodenwelle gefahren. Die Kamera fiel auf das schnell laufende Vorderrad, wurde von dort rasant nach vorne katapultiert und explodierte beim Aufprall auf den Asphalt in tausend Teile.

Später hatte ich den Bogen raus, mich selbst während der Fahrt mit Selbstauslöser abzulichten. Ich hatte schnell ein Auge dafür, einen guten Abstellplatz für die Kamera zu finden. Das Timing klappte oft beim ersten Versuch.

Für ein gutes Foto nahm ich einiges auf mich. Einmal stand ich im Urlaub um halb fünf Uhr auf, um das perfekte Bild zu machen. Ich hatte die Aktion vorher genau geplant. Und wollte auf dem Rückweg wieder die Brötchen mitbringen. Diesmal pünktlich!

Am frühen Morgen war es noch sehr frisch. Weil ich stetig bergauf fuhr, merkte ich es nicht so sehr. Ich kam an einem Wanderschild vorbei, das dreieinhalb Stunden bis zur Fuorcla Surlej anzeigte. Dort oben gab es eine fantastische Aussicht auf die Gletscher von Bernina und Piz Roseg. Die frühen Morgenstunden waren eine tolle Zeit. Die Natur erwachte, die Berge gegenüber schimmerten rosa. Die Sonne war noch nicht aufgegangen. Wenn ich zu früh oben sein würde, müsste ich eventuell in der Kälte stehen, um auf das richtige Licht zu warten. Also wurde ich lieber etwas langsamer.

Dadurch spürte ich aber die Kälte mehr. Ich kam an Pfützen vorbei, auf deren Oberfläche sich eine Eisschicht gebildet hatte. Das sollte Sommerurlaub sein? Was machte ich hier überhaupt wieder für eine Scheiße? Meine Freundin lag noch im warmen Bett, als ich nach anderthalb Stunden die Fuorcla Surlej erreichte. Beim ersten und einzigen Versuch gelang mir das beste Selbstauslöserfoto, das ich jemals gemacht habe. Das Bild wurde genau so, wie ich es vorher im Kopf gehabt hatte. Mit dem Foto habe ich später einen Wettbewerb gewonnen.

Ein anderes schönes Foto mit »Selbstauslöserfunktion« gelang mir mal in Remscheid. Dort steht nämlich ein Blitzkasten, der ab 30 Stundenkilometern reagiert. Ohne besonders große Anstrengung konnte ich mich von dem Gerät absolut stilecht ablichten lassen. In Siegerpose mit hochgerissenen Armen! Leider habe ich das Bild nie zu Gesicht bekommen, denn die werden nie herausbekommen, wer ich bin.

EU 500 Km
Dobrodzień
970

22. Etappe

Langdistanz

Meine Freundin wollte an Ostern ihre Schwester in Stuttgart besuchen. Ich war begeistert. Das waren ja nur 450 Kilometer. Das konnte ich mit dem Rad locker in zwei Tagen schaffen!

Ich war noch nie zuvor so weit gefahren. Schon gar nicht in eine mir unbekannte Richtung. Aber die Idee gefiel mir gut. Mein Gepäck würde im Auto ans Ziel gebracht werden. Ein toller Service. Trotzdem war ich etwas nervös, ob das Unternehmen wohl gelingen würde.

Zuerst wollte ich nach Köln und dann immer den Rhein entlang fahren. Der Weg war einfach zu finden. Alles ganz easy. Ich kam mir vor wie in der Haarspraywerbung:

8 Uhr Köln, die Form stimmt.

11 Uhr Koblenz, die Sonne brennt. Kurzer Halt.

13 Uhr Loreley, der Helm sitzt.

Danach begann der Sattel etwas zu drücken. Aber ich fühlte mich großartig. Im engen Mittelrheintal schob mich ein kräftiger Rückenwind. Ich bildete mir ein, dass man sehen konnte, was für ein toller Langstreckenfahrer hier gerade unterwegs war.

Bei Bingen verließ ich das Rheintal und fuhr geradeaus in Richtung Süden weiter. Jetzt veränderte sich die Landschaft zum ersten Mal drastisch. Flache, lang gezogene Hügel mit Weinanbau bis in die Ebene. Es war für mich wie Ausland. In einem Dorf grillten Leute in ihrem Vorgarten. Ich wollte ihnen zurufen: »Hey, wisst ihr eigentlich, wo ich heute Morgen losgefahren bin?!« Da wären sie nie draufgekommen! Ich war total euphorisch. So weit zu fahren, war vollkommen neu für mich. Tacho immer über 30. Ich saß gut auf dem Rad. Und ich fuhr mich in einen Rausch.

In Ungstein war es bereits dunkel. Zeit für eine Übernachtung nach exakt 300 Kilometern. Bad Dürkheim, erstes Haus am Platz. Die Zeiten der Scheunen waren vorbei.

Am nächsten Morgen besuchte ich zum Frühstück Horst und Dani in der Pfalz. Noch waren es 150 Kilometer bis nach Stuttgart. Horst schlug mir die Route entlang des Neckars vor. Ich entschied mich aber für die kürzere Variante. Kürzer im Sinne von Luftlinie. Die Höhenmeter spielten damals in der Planung keine Rolle. Erst vor Ort beschäftigte ich mich dann damit. Zum Teil in schweißtreibender Vollbeschäftigung.

Die beiden Freunde sahen mir mit einer Mischung aus Bewunderung und Befremden nach. Machte eine solch lange Reise trainingstechnisch Sinn? War es gefährlich? War es noch gesund? Am nächsten Tag wurde Dani auf einer kurzen Mountainbiketour beim Überqueren einer Straße von einem viel zu schnell ankommenden Motorrad angefahren.

Ich erreichte mein Ziel auf der viel befahrenen B 10 zwar sicher, aber ab Vaihingen an der Enz hatte ich ordentlich Sitzprobleme. Ab Schwieberdingen spielte ich sogar mit dem Gedanken, mich von meiner Freundin mit dem Auto abholen zu lassen. Aber es war ja nicht mehr weit, und bald rauschte ich am Ortseingangsschild von Stuttgart vorbei.

In Stuttgart-Feuerbach stand ich vor einem Tunnel, der für unmotorisierte Verkehrsteilnehmer gesperrt war, und fragte einen Passanten nach einem für Radfahrer geeigneten Weg ins Zentrum.

»Von Feuerbach?«

»Nein, Innenstadt! Das muss direkt hinter diesem Hügel sein!«

»Keine Ahnung!«

Immerhin kannte er aber Stuttgart. Und gut, dass ich nicht schon viel früher auf die Hinweise aus der Bevölkerung angewiesen gewesen war, um meinen Weg zu finden.

Dani wurde schon bald wieder an den üblichen Rennstrecken gesehen. Erst noch als Zuschauerin, wenige Wochen später wie gewohnt auf dem Podest. So sehen Sieger aus!

Die Faszination für die Langstrecke hatte mich ergriffen. Mein Glück suchte ich nicht mehr im mittelmäßigen Abschneiden bei Rennen, sondern als Solofahrer auf der langen Strecke. Weil nicht jedes Wochenende eine lange Radtouristikfahrt angeboten wurde, machte ich meine eigenen Ausflüge. Am liebsten zu außergewöhnlichen Zielen.

An einem sonnigen Samstag fuhr ich ganz früh von zu Hause los, bis an die holländische Grenze und zurück. Immer geradeaus nach Westen. Fast alles flach. Ständig im Grundlagenbereich. Hohe Trittfrequenz. Kurz vor der Grenze hupte ein Auto und wollte mich tatsächlich nötigen, die letzten Meter auf deutschem Boden noch auf einem Radweg zurückzulegen. Ich zwang mich, cool, aber stur zu bleiben. Ein paar Schnupperkilometer fuhr ich Richtung Roermond, dann drehte ich um. Pünktlich zum späten Frühstück saß ich nach 200 Kilometern reinen Fahrvergnügens bei meiner Freundin am gedeckten Tisch. Alle waren zufrieden.

Meine Schwester und mein kleiner Bruder wohnten in Berlin. Das waren ja wohl zwei gute Gründe, endlich mal nach Berlin zu fahren. Am besten doch mit dem Rad. Wie denn sonst?! Andere Möglichkeiten der Anreise fielen mir im Augenblick nicht ein.

Das Projekt »Wuppertal–Berlin in zwei Tagen« wurde also in Angriff genommen. Dabei unterliefen mir allerdings ein paar Fehler. Dass die Streckenführung mal wieder nach dem Prinzip Luftlinie geplant worden war, erwies sich bereits in den Hügeln des Sauerlands als kleines Manko. Zudem hatte ich diesmal einen Rucksack dabei. Zivile Klamotten für den Aufenthalt in der Hauptstadt. Meine Freundin meinte, auf Radschuhen könne ich dort schlecht umherlaufen, und stopfte mir ein Paar schwere Treter ins Gepäck. Die zusätzliche Last erhöhte den Druck auf den Sattel unangenehm. Das war auch nicht mit vermehrtem Druck aufs Pedal auszugleichen.

Erst ging es, vorbei an vielen Orten meiner vergangenen Heldentaten, durch das Sauerland. Bis ich in Arnsberg mal wieder vor einem dunklen Tunnel stand, dessen Durchfahrt für Radfahrer gesperrt war. Eine Umleitungsbeschilderung existierte nicht. Wie oft kam hier auch schon ein Radler auf dem Weg nach Berlin vorbei, dass sich das Aufstellen von Schildern gelohnt hätte? Letzten Endes musste ich mich am Stand der Sonne orientieren, um den Hügel so zu überwinden, dass ich wieder auf die gewünschte Route stieß. Hinter Marsberg hörten die vielen nervenden Hügel auf. Der penetrante Druck des Rucksacks aber blieb.

Die Landschaft wurde übersichtlicher und weiter. Großräumig umfuhr ich jede größere Stadt, um mich besser orientieren zu können. Jemanden nach dem Weg zu fragen, hätte außer skurrilen Antworten erfahrungsgemäß nichts gebracht. Unterhalten konnte ich mich nur mit mir selbst. Ich wusste schon nicht mehr, was ich mir noch erzählen sollte, als ich hinter Hannoversch Münden auf zwei Rennradfahrer traf. Einer sagte sofort, dass er heute zum ersten Mal in diesem Jahr auf dem Rad säße. Und er zeigte mir mit einem festen Antritt, dass er gelogen hatte. Im Windschatten der beiden Amateure kam ich auf der B 80 ein ganzes Stück in schnellem Tempo vorwärts. Immer flach an der Werra entlang, aber alles andere als locker. Denn locker im Sinne von leicht saß der blöde Rucksack immer noch nicht. Dann drehten die beiden ab. Schade, dass sie nicht bis Berlin fuhren.

Ich wartete die ganze Zeit darauf, die imaginäre Grenze in den Osten zu überqueren. Und achtete auf Merkmale wie Resopallaternen oder Kopfsteinpflasterstraßen à la Roubaix. Dabei befand ich mich längst in Thüringen. Die nächsten Kilometer ging es an einer Bahnstrecke entlang, und ich hatte die gleichen verlockenden Gedanken wie die Heroen aus der Frühzeit der Tour de France. Wurde doch Maurice Garin, der Sieger der ersten Frankreich-Rundfahrt 1903, im nächsten Jahr beim Zugfahren erwischt. Ich konnte der Versuchung aber widerstehen, obwohl mich die ländliche Bevölkerung mit den Hupen ihrer tiefergelegten Autos brutal von der Straße drängen wollte. Mit klingelnden Ohren und mit den Nerven total am Ende kam ich nach 296 Kilometern in Leinefelde an. Der Frau an der Rezeption meines kleinen Hotels sagte ich, dass ich am nächsten Tag früh aufbrechen wolle, weil ich noch bis Berlin fahren müsse. Ich hätte genauso gut sagen können, dass ich morgen zum Mars fliegen wolle. Sie glaubte mir kein Wort.

Am nächsten Morgen lagen noch 278 Kilometer vor mir, von denen mir in erster Linie die nicht enden wollende Quälerei in Erinnerung blieb. Abwechselnd ging es durch marode Dörfer und blühende Landschaften. Manchmal im Windschatten von Landwirtschaftsfahrzeugen, manchmal in den Abgasschwaden von Zweitaktern. Der Weg zog sich. In der Lutherstadt Wittenberg fiel ich beinahe vom Glauben ab, dass es noch über 150 Kilometer bis Berlin sein sollten. Nun ging es fast immer geradeaus durch alte Alleen Richtung Norden. Vor Potsdam bekam ich erste Orientierungsprobleme. Meine Landstraße ging ohne Vorankündigung in eine autobahnähnliche Schnellstraße über und war von einem auf den anderen Meter für mich tabu. Es gab keine Möglichkeit, zur Seite abzubiegen. Ich hätte nur umdrehen können. Umdrehen? Niemals!

Vor mir große Verbotsschilder, dahinter dehnte sich die breite Neubautrasse in Richtung Berlin bis zum Horizont aus. Mein Solidaritätsbeitrag hatte sich hier in einer makellosen Asphaltdecke manifestiert. Da sah ich weiter hinten links in der Landschaft die Fortsetzung einer Baumallee. Dort musste die alte Straße verlaufen. Ich trug mein Rennrad durch die Pampa, bis ich auf der historischen Landstraße aus Napoleons Zeiten über die Dörfchen bis zum Schloss Sanssouci weiterfahren konnte. Das Fernziel Berlin kam immer näher. Doch die Ausschilderung war ausschließlich autogerecht und führte immer sofort auf Autobahnen. Ich musste im innerstädtischen Verkehr häufiger nach dem Weg fragen. Die Antworten waren teilweise so bodenlos dämlich, dass ich böse Absicht unterstellen musste und mir dabei vorkam wie ein enttarnter Stasispitzel, den man in die Wüste schicken wollte.

Endlich erreichte ich das erste Ortsschild von Berlin. Es war noch eine ganze Ecke bis ins Zentrum. In Zehlendorf konnte mir nicht einmal die Polizei die richtige Richtung weisen. Ich fand sie auch ohne sie. Irgendwie ging es immer weiter. So fuhr ich am Ende noch durch Berlins einziges Rennradrevier, den Grunewald. Meine von den Geschwistern erwartete glorreiche Ankunft am Brandenburger Tor ging leider in einer großen Kurden-Demo unter. Nie wieder wollte ich eine solche Randonneur-Fahrt machen!

An einem Winterabend saß ich bei Eberhard und Verena auf dem Balkon. Wir hatten kurzbratendes Grillgut aufgelegt und wärmten uns an den heißen Holzkohlen. Unten auf der Straße hörten wir Stollenreifen und einen Chris-King-

Freilauf vorbeirollen. Da machte ich den Vorschlag, gemeinsam beim Radmarathon Trondheim–Oslo mitzufahren. Schließlich hatten wir schon zusammen Paris–Roubaix gemeistert. Aber die beiden lehnten sofort ab. Zu viel Regen! Viel zu lang! Zu hoher Gesamtaufwand. Und viel zu anstrengend. So ähnlich klangen auch die Begründungen meiner anderen Radfreunde. Kurz danach sah ich in der *Tour* ein Angebot der perfekt organisierten Truppe von Axel. Trondheim war gebucht.

Mit diesem großen Ziel vor Augen, trainierte ich nun bei jeder Gelegenheit. Manchmal auch nur kürzere Distanzen. An einem Tag im Februar wichen wir wegen der Schneelage auf einer Mountainbiketour ins tiefer gelegene Neandertal aus. Natürlich war keiner von uns auf dieser eher anspruchslosen Strecke ausgelastet. Entlang der Düssel kamen wir wieder zurück in heimische Gefilde. In einem Wäldchen am Eckbusch gab es den »Bombenkrater«. Ein tiefes Loch in einem Buchenwald mit einem sehenswerten Ilexbestand. Vermutlich wurde an dieser Stelle früher Schiefer abgebaut. Eigentlich war der Krater ganz einfach zu fahren. Mit einem ordentlichen Tempo raste man auf der einen Seite runter, um dann mit dem Schwung der Abfahrt auf der anderen Seite wieder steil aus dem Loch rauszuschießen. Wenn man nicht schnell genug war, blieb man im Gegenanstieg hängen und rollte beziehungsweise stürzte rückwärts wieder in das Loch zurück. Die Kraterbefahrung war also nur etwas für Entschlossene.

So kamen wir nun voller Tatendrang in dieses Wäldchen und standen oben am Kraterrand. Sofort fiel uns auf, dass unten im Loch jemand so etwas wie eine Sprungschanze aufgeschüttet hatte. Das war eine neue Situation. Und jetzt? Horst stand unschlüssig oben und machte keine Anstalten, seiner Führungsrolle gerecht werden zu wollen. Dani ging bei solchen Sachen sowieso lieber auf Nummer sicher, und Rainer wollte erst mal in aller Ruhe die Flugbahn vorausberechnen. Lars, Carsten und Robert ebenfalls eingerechnet, standen also genug Zuschauer bereit.

Mit einer spontan gewagten Flugschau wollte ich dem Radexpress meinen Mut und meine Fahrkünste vorführen. Ich war mir meiner Sache absolut sicher. Am Schanzentisch musste ich nur ein bisschen am Lenker ziehen, um mit einem galanten Bunny-Hopp durch den halben Krater zu schweben. Zur allgemeinen Überraschung, und vor allem zu meiner eigenen, blieb mein Vorderrad an der offenbar von Kinderhand gestalteten Absprungkante abrupt stehen. Schon war ich in perfekter Superman-Haltung in der Luft und ahnte bereits, dass ich jeden Moment so hart aufschlagen würde, wie noch nie in meinem Leben.

Einen dumpfen Aufprall und zwei Überschläge später blieb ich in beeindruckendem Abstand zur Abflugstelle im Krater liegen. »Nichts passiert!«, rief ich sofort. Aber das war mehr ein Wunsch als die Wahrheit. Ich stand auf und fasste mir unter der Jacke an die Schulter. Etwas war anders als sonst. Da stand irgendetwas hoch. Aber kein Problem, man konnte es wieder runterdrücken. Wie ein Legostein rastete das Teil in seine Ursprungsposition ein. Und ploppte gleich wieder hoch. Mist, da war etwas kaputt!

Bei der Röntgenuntersuchung im Krankenhaus bestand ich darauf, dass mein Radexpress-Trikot nicht zerschnitten würde, und ließ es mir lieber unter großen Schmerzen ausziehen. Vom Oberarzt wurde eine Schultereckgelenksprengung diagnostiziert. Eine typische Radsportler-Verletzung. Alle drei Bänder in der Schulter waren gerissen, im Fachjargon »Tossy III« genannt. Die Clavicula, oder zu Deutsch die Klaviertaste, stand bei mir hoch und musste mit Schrauben operativ wieder an der richtigen Stelle fixiert werden. Das Schlüsselbein war aber glücklicherweise nicht gebrochen. Meine Freundin trug die Nachricht von meinem Unfall mit Fassung. Sie hatte sich schon zu oft um mich gesorgt und immer damit gerechnet, dass etwas passiert. Als ich aus der Narkose erwachte, stand meine Mutter an meinem Bett und nicht meine Freundin.

Meine erste Frage war, wann ich wieder aufs Rad dürfe. In sechs bis acht Wochen! Schon in den ersten Tagen nach diesem Unfall setzte ich mein Training für Trondheim fort. Ich ging die drei Kilometer zu meinen Eltern und fuhr auf deren Hometrainer mit fest an den Körper gebundenem Arm sämtliche Programme des Geräts rauf und runter. Grundlage 1 bis 3, Alpenpass, locker und flach, Ortsschildsprint, Windkante.

Die Verletzungen von meinem Dreisatz im Krater waren bald auskuriert und die Schrauben entfernt. Im April saß ich wieder auf dem Rennrad und versuchte, die fehlende Form so schnell wie möglich aufzubauen. Eine Woche vor der Trondheim-Reise fuhr ich eine letzte Vorbereitungs-RTF. 220 Kilometer. Ich saß im Ziel auf einem Plastikstuhl, war leergefahren und glaubte nicht mehr daran, dass ich es eine Woche später schaffen könnte, die doppelte Distanz zu bewältigen.

»Trondheim–Oslo ist das meistüberschätzte Rennen«, war ein Hinweis, den ich direkt zu Beginn meines Aufenthalts in Norwegen von Manuel zur Beruhigung bekam. Trotzdem hatte ich vor Angst Durchfall. Ein bunt zusammengewürfelter Haufen wollte sich mit mir unter Axels Leitung ins ungewisse Abenteuer stürzen. Der nette Anton konnte mir aus seiner Apotheke mit Magentropfen helfen. Ich musste nachts ein paarmal zur Toilette.

Um drei Uhr war es am längsten Tag des Jahres bereits taghell. In Axels Gruppe gab es Rauschebärte mit Paris–Brest–Paris-Erfahrung, untrainierte Naivlinge und eisenharte Wiederholungstäter. Doch eins war ziemlich schnell klar: Ich hatte das Chefrad! Und über meinen Carbonsattel wundern sich einige noch heute. Was mich aber selbst absolut wunderte, war, dass niemand außer mir das dringende Bedürfnis verspürte, an den Tagen vor dem Rennen lockere 100-Kilometer-Runden durch die herrliche Landschaft zu machen. Schöne Ausdauerfreaks waren mir das! Es kann aber auch am Wetter gelegen haben. Reichlich viel Regen. Und ziemlich heftiger kalter Wind.

Am Renntag selbst war der Regen nicht ganz so schlimm. 14 Kilometer lockeres Einrollen zum Start. In zehnminütigen Abständen ging es gruppenweise auf die weite Reise. Nicht erst beim Passieren des Autobahnschildes »Oslo 538 km« habe ich ordentlich Druck gemacht. Ich wollte nur eins: ankommen, und zwar sofort!

Als wir von der ersten schnelleren Gruppe nach drei Stunden am Berg aufgefahren wurden, hängte ich mich schleunigst dran. Außer Axel, meinem Trondheim-Guru, hatte niemand mehr die Idee, zu folgen. Als ich hörte, dass die Jungs eine Zeit von 15 Stunden anpeilten und doch ziemlich schnell unterwegs waren, hatte ich meine Zweifel und ließ die Gruppe lieber ziehen. Und damit dummerweise auch Axel. Über 100 Kilometer musste ich alleine fahren. Kein Problem bei Rückenwind und bergauf. Ich hatte übrigens am höchsten Punkt der Strecke einen besseren Schnitt als im Ziel.

Langsam gelang es mir, von Gruppe zu Gruppe vorzuhüpfen. Währenddessen spielten sich weiter hinten in unserem Team die ersten Ausstiegsdramen ab. Anton war inzwischen an meiner Seite, er kam mit einer Vierergruppe zu mir aufgefahren und entpuppte sich nun als ein vermeintlicher Wackelkandidat. Anton war mit leichten Krämpfen und ohne Luftpumpe unterwegs. Sollte ich etwa auf ihn warten, falls er Schwierigkeiten bekäme? Alles lief so schön planmäßig für mich, der Tacho immer über 32 Stundenkilometer. Noch waren es 290 Kilometer bis Oslo.

Wir schlossen uns einer größeren Gruppe Norweger an. Ich fuhr über zwei Stunden am Stück einen Kreisel mit zehn Fahrern, etwa fünfzig verharrten derweil hypnotisch im Windschatten. Aus dem Begleitauto der Norweger bekam ich als Dank für meinen Einsatz eine Flasche Fanta gereicht. Das tat gut. In meinen eigenen Trinkflaschen hatte ich nur Isozeug und Wasser. Ich ließ mich am Feld entlang etwas zurückfallen und reichte Anton die halb geleerte Fanta rüber. Da sah ich einen dicklichen Typen vor uns, der Anstalten machte, während der Fahrt pinkeln zu wollen. Igitt! Alles lief auf seinen Rahmen und flog den Hintermännern als Sprühregen entgegen. Wir hatten aufgepasst und waren rechtzeitig ausgewichen. Der Pisser wollte nicht anhalten, weil er sonst unweigerlich unseren schönen Windschatten verloren hätte. Bevor ich mir in die Hose gemacht hätte, wäre ich lieber eine Stunde später ins Ziel gekommen.

Nach einem Stopp in Lillehammer (einem von meinen insgesamt drei kurzen Stopps) hatte ich Bedenken. Es war bisher überraschend gut gelaufen, aber wie würde es auf den letzten 180 Kilometern weitergehen? Erstaunlicherweise wurde ich immer besser. Der Carbonsattel begann richtig Spaß zu machen. Bei Tempo 42 rief ich kurz aus der Gruppe heraus mit dem Handy meine Freundin an. »Alles klar, ich komme gleich!« Die Euphorie wurde immer größer.

Trotzdem lag noch mehr Strecke vor mir als bei einer üblichen Sonntags-RTF. Und nach so einem Sonntag war ich ja sonst total fertig. Aber mein Kopf war heute auf die weite Distanz eingestellt, und mit Oslo hatte ich ein klares Ziel vor Augen. Nur noch 100 Kilometer. An jeder Kuppe zeigte ich meiner Gruppe, wo der Hammer hing. Langsam wurde es dunkler, aber keine Spur von Müdigkeit. Dann überholte mich unser Teambus. Holger gab Vollgas. Im Bus konnte ich die Silhouetten der Köpfe meiner gescheiterten Gefährten erkennen. Fast glaubte ich, hinter mir wären bereits alle eingesammelt worden. Nachdem der Teambus verschwunden war, musste ich Oslo auf alle Fälle aus eigener Kraft erreichen. Aber daran gab es nun keinen Zweifel mehr.

Inzwischen war Axel im Ziel angekommen. Mit persönlicher Rekordzeit, aber auch mit Brechreiz. Ich brauchte länger, dafür war mir aber nicht schlecht. Unterwegs taten mir Hintern, Hände und Füße weh. Also die Kontaktpunkte zum Rad. Diese lädierten Stellen schmerzten auch weiterhin. Aber die strapazierten Muskeln regenerierten sich immer wieder, als wäre ich gerade erst losgefahren. Am letzten Hügel fuhr ich dann vorne aus der Gruppe heraus, um ein privates Finisherfoto zu bekommen. Anton war nicht mehr abzuschütteln. Nach über 540 zusammen durchgestandenen Kilometern überquerten wir gemeinsam die Ziellinie. Ankunft um ein Uhr in der Nacht nach 17 Stunden ab Trondheim.

Noch am selben Sonntag saß ich abends bei meiner Freundin auf dem Sofa, als ob nichts gewesen wäre. Ganz so, wie ich es ihr vorher versprochen hatte.

Ich befürchtete nun, als nächste Steigerung den Klassiker Paris–Brest–Paris mit seinen 1200 Kilometern fahren zu müssen. Aber die Szene der Langdistanzler war nicht mein Fall. Lieber wollte ich zukünftig wieder mehr mit den Kumpels vom Radexpress unternehmen. Da fragte mich Manuel, ob ich nicht Lust hätte, ihn und zwei Freunde zu begleiten. Von München in die Toskana. Und zwar auf historischen Rennrädern! Sie wollten zur Radsportveranstaltung L'Eroica fahren. Ich lehnte ab. So etwas in der Art würde ich nie machen ...

23. Etappe

Eine Reise nach Paris

Für einen echten Radsportfan gehört es sich, einmal im Leben mit seinem Rennrad über die Champs-Élysées in Paris zu fahren. Genau dort, wo die Profis bei der Tour de France das große Finale austragen.

Ich versuchte, meine Radfreunde für eine Paris-Reise zu begeistern, damit wir die Erlebnisse teilen könnten. Es sollte keine kauzige Audax-Geschichte werden, sondern einen richtig stylishen Move in die Modemetropole geben. Niemand biss an. Aber ich bekam tolle Ratschläge. Angedacht hatte ich eine bequeme Tour über drei Tage. Mit gediegener Übernachtung und *savoir vivre*. Vielleicht hätte es mehr Interessenten gegeben, wenn der Radtransport für den Rückweg kein logistisches Problem aufgeworfen hätte. Anton wäre als Einziger verrückt genug gewesen, mich zu begleiten, zögerte aber noch mit einer Zusage. Horst legte mir nahe, dass es nur dann eine coole Sache wäre, wenn ich die Strecke ohne Fahrtunterbrechung bewältigen würde. Ich nahm mir seine Empfehlung zu Herzen und plante ab sofort für NONSTOP PARIS. Das war dann aber leider auch der Grund, weshalb ich alleine fahren musste.

In der frühen Zeit der Tour de France sah es in Europa noch ganz anders aus. Die Rennfahrer fürchteten vor 100 Jahren die Gefahren der unbekannten Provinz und fühlten sich nur in den Städten sicher. Sie hatten keine Vorstellung von der Welt da draußen *à la campagne*. In welchem Zustand würden sich die Straßen befinden, wo es selbst in Städten keine Asphaltierung gab? Musste man mit Wegelagerern rechnen? Mit wilden Tieren? Bären? Wölfen? Was würde es zu essen geben?

Meine Sorgen gingen genau in die umgekehrte Richtung. Für meine Verpflegung während der Nachtstunden musste ich mir zwar etwas überlegen, aber schlaflose Nächte bereiteten mir die Landstraßen absolut nicht. Nur auf dem Land war ich als Radfahrer im Grunde sicher. Die Department-Straßen in Frankreich waren hervorragend für die Bedürfnisse von Radfahrern ausgeschildert. Aus meiner Fahrt nach Berlin hatte ich gelernt, größere Städte im großen Bogen zu umfahren. Man fand zwar in eine Großstadt hinein, aber selten auf der richtigen Straße wieder hinaus. Die entfernte Ziele – meist größere Städte – anzeigenden Hinweisschilder führten fast immer direkt auf eine Autobahn.

Ich suchte mir eine Route, die von einem kleinen Ort zum nächsten führte, und schrieb mir die zahlreichen Dörfer in der richtigen Reihenfolge auf einen A5-Zettel. In diesem Jahrhundert lag die größte Herausforderung für einen

MOLTEN
ARCORE
MOLTENI

Radfahrer, der nach Paris wollte, darin, die Peripherie der Metropole zu durchdringen. Die City würde nur auf für mich verbotenen Schnellstraßen ausgeschildert sein. Ich musste auf Karten in entsprechendem Maßstab einen leicht zu findenden und fahrbaren Durchschlupf finden. In den Banlieues lief ich Gefahr, dass mir randalierende Jugendliche die Reifen anzündeten. Oder dass mich ein durch die Vorstadt rasendes Auto über den Haufen führe. Würden mich Diebe überfallen und wie vor 100 Jahren umbringen? Die Menschheit war schlecht. Daran hatte sich nichts geändert.

Am Freitag vor Pfingsten fuhr ich wie üblich morgens um sechs Uhr von Wuppertal nach Köln mit dem Rad zur Arbeit. Dass ich aber mittags Feierabend machte, war ungewöhnlich. Nach diesem kleinen, morgendlichen Prolog wollte ich nämlich noch die Schlussetappe in Angriff nehmen: nonstop nach Paris. Oooh, Champs-Élysées.

Bereits bei Euskirchen stand ich das erste Mal an einem Kraftfahrzeugstraßenschild. Ich musste einen miserablen Parallelweg benutzen. Zum Glück wiederholte sich eine solche Situation danach kein zweites Mal. Die Wettervorhersage sah nicht gut aus, aber ich hatte wiederum Glück und kam trocken durch die Eifel nach Luxemburg. Die Gewittertürme bauten sich nur links und rechts von mir auf. In der Luxemburger Schweiz wurden die steilen Berge dem Namen dieser Region gerecht. Ich erkannte einige Abschnitte des schönen Rennens »La Charly Gaul« vom Radklub ACC Contern wieder. Und eine andere Straße war mir von dem Radmarathon Tilff–Bastogne vertraut. Die vielen Hügel in der Eifel, in Luxemburg und in den belgischen Ardennen unterstrichen die sportliche Note meiner Reise. Nach 250 Kilometern traf ich in Bastogne ein. Es dämmerte bereits, und es lag ein komisch gelbes Licht in der Luft. Sollte es Regen geben?

Auf dem zentralen Marktplatz des kleinen Städtchens saßen Einheimische und Touristen an vielen Tischchen beim Abendessen. Rings um den Platz standen schöne Platanen. Ein Restaurant reihte sich an die nächste Bar. Ich beschloss, mir belegte Baguettes und Cola für die Nacht zu kaufen. Da setzte ein heftiges Unwetter mit krachenden Blitzen und starkem Dauerregen ein und zwang mich zu einer Pause. Ich stellte mich unter dem Vordach einer Benetton-Filiale unter, während die Leute in großer Eile den Platz verließen. Ruck, zuck war es dunkel.

Unter den Markisen der Restaurants blieben die Gäste vorerst trocken. Der Regen wurde nun so stark, dass ich einen Schritt weiter nach hinten gehen musste, um nicht nass zu werden. Immer mehr Autos verließen den Platz. Nur in den Bars war noch Stimmung. Die Blitze am Himmel bemühten sich, mir ein schönes Schauspiel zu bieten. Einer zuckte länger und heller als der andere. Der Regen prasselte laut auf die Autodächer. Ich trat bis ans Schaufenster zurück.

Die Luft war unangenehm abgekühlt. Aus einigen Lokalen waren inzwischen alle Gäste gegangen und die ersten Lichter erloschen. Ich zog mir alles an, was ich an Kleidung dabeihatte. Es regnete unaufhörlich stark. Der Wirt der Bar Central zog sein Eisengitter herunter. In den anderen Bars waren nur noch wenige Menschen geblieben. Jetzt ging auch noch die Schaufensterbeleuchtung hinter mir aus. Es regnete weiter. Seit über einer Stunde stand ich nun schon so da. Worauf wartete ich eigentlich? Ich traf die einzig sinnvolle Entscheidung und schrieb meiner Freundin eine SMS: »Breche die Tour ab. Regen ohne Ende.«

Längst waren alle Lokale geschlossen und der vorher so schön sommerlich belebte Platz verwaist. Es war nun zu spät, um ein seriöses Quartier aufzusuchen. Ich entschloss mich, am Bahnhof nach den Abfahrtszeiten für die Rückreise am nächsten Tag zu schauen. Der Bahnhof war schnell gefunden. Aber ich entdeckte den Eingang nicht. Also ging ich um das große Bahnhofsgebäude herum und musste feststellen, dass es gar keine Schienen gab. Man hatte einen gut ausgebauten Radweg auf der ehemaligen Trasse angelegt. Dann musste ich morgen eben mit dem Bus fahren. Ich suchte nach dem Busfahrplan. An der Haltestelle las ich wenig überrascht, dass der nächste Bus erst übermorgen, also erst am Sonntag, fahren sollte. Was kam noch? Hier wunderte mich nichts mehr. Kein Zug, kein Bus. Es blieb mir nur noch das Fahrrad.

Um für die Heimreise per Rad ein wenig erholt zu sein, suchte ich nach einem trockenen Plätzchen für die Nacht. Ein schöner Heustadl, das wäre es jetzt gewesen! Da kam ich in der Rue de Neufchâteau an einer Bankfiliale vorbei. Von Siggi hatte ich den Tipp, auf Fernfahrten immer eine Scheckkarte bei sich zu tragen. So würde ich mir Zugang zum warmen Vorraum verschaffen können, um mich hinter dem Kontoauszugsdrucker zum Schlafen hinzulegen. Ich hatte die Eingangstür mithilfe der Karte geöffnet und wollte nun mein Rennrad in den Raum schieben, da fiel die Tür wieder ins Schloss. Kein Problem, dachte ich. Aber es gelang mir nicht, sie mit meiner Karte noch einmal zu öffnen. Ich vermutete eine Sicherheits-Zeitsperre und wartete mehrere Minuten auf Einlass.

Inzwischen waren seit meiner Ankunft in Bastogne zwei Stunden vergangen. Das Gewitter war abgezogen und die Straße wieder getrocknet. So oder so kam ich hier nur mit dem Rad wieder weg. Also entschloss ich mich gegen Mitternacht, weiter Richtung Paris zu fahren und meinen Plan doch noch umzusetzen. Es war allerdings nicht mal die Hälfte der Distanz geschafft. Dennoch war ich wieder super motiviert und kam auf meiner Fahrt durch die Ardennen schnell voran.

Auf einigen sehr schmalen Straßen sah ich mit meiner schwachen Beleuchtung nicht besonders viel und hatte das Gefühl, die Bäume am Straßenrand würden nach mir greifen. Die Nacht war aber gar nicht so dunkel, sondern mit Mondlicht und Sternenhimmel relativ hell. Dazu diese völlige Ruhe. Ein sehr eindrückliches Erlebnis.

Mit der Morgendämmerung änderte sich die Landschaft. Weitgehend flach ging es die nächsten Stunden mit über 30 Stundenkilometern dahin. Von Müdigkeit immer noch keine Spur. Aber auf den letzten 150 Kilometern bis Paris wurde es dann wieder hügelig, und ich begann, Stimmen zu hören. In den vielen giftigen Anstiegen hatte ich den Gesang von Schmerzen und Qualen in den Ohren. Doch siegesbewusst das große Ziel vor Augen, konnte ich auch die Triumphe meiner Vorbilder spüren. Bewusst hatte ich mir für das Finale kleine Straßen ausgesucht.

Kurz vor Paris musste ich an einem alten Bauernhof, auf dem es aussah wie vor dem Zweiten Weltkrieg, noch mal nach dem Weg fragen: »Quelle direction à Paris?« Um den Bauern herum, der ungefähr mein Alter hatte, standen fünf kleine Kinder ohne Schuhe. Der Mann deutete nach links und stellte nun die Gegenfrage: »Vous êtes anglais?« Den grimmigen Hofhund hatte ich schon längst entdeckt. »Bien sûr!«, sagte ich schnell. Sollte er mich ruhig für einen verrückten Engländer halten. Vielleicht war sein Großvater im letzten Krieg von einem Deutschen erschossen worden? Ich war froh, als der Bauer mich mit einem freundlichen »Bonne route!« ins Finale schickte.

Als wäre ich gerade erst losgefahren, sprintete ich unter Missachtung aller Verkehrsregeln dem Eiffelturm entgegen. Zielfoto. Noch eine Ehrenrunde auf den Champs-Élysées, und 610 Kilometer Wuppertal–Paris waren unter 24 Stunden Fahrzeit geschafft.

Was ich an dieser Stelle nicht verschweigen will: Weil klar war, dass der Schnellzug keine Fahrräder mitnahm, bin ich auf einem 25 Jahre alten Stahlrennrad à la Eddy Merckx gefahren. Das steht jetzt unabgeschlossen vor dem Gare du Nord. Oder auch nicht mehr.

Eigentlich wollte ich die gesamte Zugfahrt über auf das Display meines Tachos glotzen und mich an der Tageskilometerzahl berauschen. Aber aus Versehen drückte ich beim Einsteigen die Reset-Taste. Als ich nach einer Stunde Zugfahrt auf die Toilette ging, sah ich im Spiegel, dass mir ein Stück Regenwurm auf der Stirn klebte. Voilà!

PAINS
PATISSERIE

24. Etappe

Zuschauer

Inzwischen hatte ich mit meiner Freundin die stillschweigende Vereinbarung getroffen, dass ich mich am Wochenende vormittags auf dem Rad austoben durfte, mich dafür aber später mit ihr ins sonntägliche Familiengetümmel stürzen musste. Oft war sie schon allein zu ihrer oder meiner Familie mit dem Auto vorgefahren. Wenn ich dann in Radklamotten mit der üblichen Verspätung auftauchte, erntete ich von ihr nur einen verächtlichen Blick.

Meine Mutter fragte jedes Mal, wo ich denn mit dem Rad gewesen sei. Nach Paris fuhr ich ja nicht jedes Wochenende, und die unbekannten Ortschaften des Bergischen Landes sagten ihr meist nichts. Ich hätte aber eine Menge Ortsschilder aufzählen können, die im Sprint eine große Rolle spielten. Das sparte ich mir jedoch, denn wenn meine Mutter mal einen Ortsnamen kannte, dann kannte sie auch noch jemanden, der dort auch schon einmal mit dem Rad hingefahren war. Ich wollte mit den Tageskilometern und dem Schnitt prahlen, und sie erzählte dann, dass die Nachbarin letzte Woche genau dort mit ihrem Mann gewesen sei. Oder sie selbst vor 30 Jahren. Und dass der kleine Junge von gegenüber jetzt auch ein Fahrrad bekommen habe. Oder sie fragte, ob dieser Osenberg das Gleiche nicht schon letztes Jahr gemacht hätte. Überhaupt trieb ich in den Augen meiner Familie nichts anderes als jeder, der mit dem Rad einen kleinen Ausflug macht. 17 oder 170 Kilometer – das spielte für sie keine Rolle. Das war beides ganz schön weit! Sie hatten keine Vorstellung. Ich hätte auch behaupten können, am Vormittag 381 Kilometer gefahren zu sein.

Einmal war ich mit meinen Eltern essen, und der Ober stellte die Frage, ob noch jemand gern einen Nachtisch hätte. Wir waren alle schon pappsatt, und wie die anderen auch, fürchtete ich um mein Gewicht. Der Kellner konnte uns nicht beruhigen: »Für diese leckere Zabaglione müssen sie morgen aber 20 Kilometer mit dem Rad fahren.« Wir mussten lachen. »Ha! Unser Sohn kann 20 Kilometer fahren.« Ich verdrehte die Augen. Hätte ich sagen sollen, dass ich für so kurze Strecken nicht mal einen Helm aufsetzen würde?

Weil jeder Mensch schon einmal auf einem Fahrrad gesessen hat, meinte auch jeder, er könne beurteilen, was ich da so in meiner Freizeit trieb. Und jeder kannte auch einen, der immer noch etwas Dolleres als ich gemacht hatte. Da konnte ich erzählen, was ich wollte. Die Fragensteller kamen sich schon fachmännisch vor, wenn sie wissen wollten, wie viele Gänge mein Rad hätte.

Darauf hätte ich vielleicht mal mit »70« antworten sollen. Mal sehen, ob derjenige jemanden kannte, der noch mehr Gänge hatte.

Ein alter Freund, der wusste, dass ich inzwischen Fahrrad fuhr, schenkte mir zum Geburtstag das Abo eines Magazins für Radwanderer. Es ging darin um alte Opas, die irgendwelche Flüsse entlangfuhren. Getestet wurden Tourenräder ab 20 Kilo aufwärts. Eine schöne Klolektüre. Ein anderer schenkte mir ein Reisebuch von einem Typen, der im Jogginganzug durch die USA geradelt war. So sahen mich meine Freunde also?

Selbst im Familienkreis war ich nicht der unangefochtene Radkönig. Mein großer Bruder fuhr einmal im Jahr eine Radtour. 150 Kilometer durch die Voralpen. In Jeans. Letzteres fand ich dann tatsächlich beachtlich. Mein Onkel meinte, er hätte uneinholbar viele Lebenskilometer. Mein kleiner Bruder war schon spektakulärer gestürzt als ich. Mein Cousin hatte ein Liegerad. Damit war er bis nach Dänemark gefahren. Oder war es auf den Kilimandscharo? Und der Bruder meiner Freundin konnte mit seinem BMX-Rad länger als ich einen Wheelie auf dem Hinterrad fahren.

Dennoch war ich sehr froh, immer wieder in diese Parallelwelt abzutauchen, in der Radsport niemals Thema war. Das ganze Gequatsche meiner Radfreunde ging mir nämlich auch manchmal auf die Nerven. Und wenn sie mich wieder abgehängt hatten, war ich erst recht froh, wieder bei normalen Menschen unterkommen zu können. Was mir während der Trainingsfahrten so wichtig war, interessierte im wirklichen Leben nämlich niemanden. Nie wurde ich nach der Zahl meiner gewonnenen Ortsschildsprints, der Durchschnittsgeschwindigkeit oder den gefahrenen Höhenmetern gefragt. Auch musste ich mich nie rechtfertigen, weil ich zu wenig Führungsarbeit geleistet hätte oder sogar eingegangen war. Das alles spielte keine Rolle an einem Nachmittag mit meiner Freundin.

Wenn wir auf der Party einer Kollegin meiner Freundin waren, musste ich mich zu den anderen Männern gesellen. Mein Ruf als bekloppter Radfahrer eilte mir meist voraus. Weiß Gott, was meine Freundin ihren Kolleginnen über mich erzählte. Der Preis meiner Rennmaschine war das, was diese Männer am meisten interessierte. Dann unterhielten sie sich über PS-starke Autos und nahmen meine Kommentare nicht ernst. Auch beim Thema Fußball ließen sie mich nicht richtig mitreden. Nur weil ich Messi für ein Schimpfwort gehalten hatte? Die Namen von Fußballern hörten sich für mich immer an wie aus der Augsburger Puppenkiste, wo die Protagonisten ebenfalls Hölzenbein oder Bobic hießen.

Ob ich an einem Tag schon eine dreistellige Kilometerzahl gefahren war, darauf wurde keine Rücksicht genommen. Die Familie meiner Freundin setzte mich gerne im Anschluss an mein anstrengendes Training zur Gartenarbeit ein. Sie dachten bestimmt, dass ich nur gemütlich durch die Gegend rollte. Und dass ich ein Schlendrian sei, der seine Freundin immer alleine lässt. Also musste ich zeigen, dass ich doch ein ordentlicher Partner sein und sehr gut eine Hecke schneiden oder den Rasen mähen konnte. Vielleicht hätten sie lieber gehabt, ich wäre Flötist oder wenigstens Heimwerker gewesen? Zum Glück wurde mir niemals Doping unterstellt. Nicht einmal im Scherz.

An Weihnachten saß ich mit der Familie zusammen und ärgerte mich, heute nicht auf dem Rad gesessen zu haben. Die Unterhaltungen langweilten mich. Wenn sie wenigstens darüber gesprochen hätten, wie Deutschland den letzten Weltkrieg doch noch hätte gewinnen können! Meine Gedanken drifteten ab. Welches Rad-Event wäre nächste Saison genau das richtige für mich? Ich geriet ins Träumen ...

Ich sitze bei meinen Radfreunden Eberhard und Verena am Tisch, als plötzlich die Tür aufspringt und ein dicker schwerer Mann im Fahrraddress in die Küche poltert. Vor Schreck werden wir alle blasser als die Finger Gerrit Glomsers am verregneten Berninapass. Mit raschen Bewegungen wuchtet der Mann seinen massigen Körper durch den Türrahmen. Jetzt können wir alle seinen Schweiß riechen. Sehr unangenehm. Ich verfluche, es bisher noch nicht geübt zu haben, weiß aber instinktiv, dass heute der Tag ist, an dem ich in die Tanne gegenüber von Eberhards Balkon springen werde.

Geht aber gar nicht, weil der Obermieter diese bei seinem Sprungversuch vor wenigen Minuten mehrere Meter unterhalb der Spitze abgebrochen hat. Auf Höhe des dritten Stockwerks hängt er nun aufgespießt am Tannenbaum mit einer an den Knöcheln baumelnden Unterhose. Für weitere Flugmanöver ist der Baum nun unbrauchbar.

Aufmerksame Beobachter stellen nun fest, dass sich unter den Fingernägeln des fremden Mannes noch Schürzenreste von der Nachbarin Frau Hirschberg befinden. Ich bin mir nicht sicher, ob in seinen Mundwinkeln nun Nutella oder doch ein menschlicher Überrest klebt? Mein Blick wandert an ihm von oben nach unten herab. Sieht aus, als ob er einen Spermafleck auf dem Schuh hat. Könnte aber auch Powergel Vanille sein. Doch viel Zeit bleibt mir nicht zum Überlegen. Dem Ersten von uns hat er bereits mit geschickten Handgriffen und mit einem lauten Knacks das Genick gebrochen. Ich sage nicht, wem. Aber ich war es zum Glück noch nicht. Höchste Zeit, sich aus dieser Schockstarre zu befreien und den Gegenangriff zu starten.

Ich ziehe das noch vor Fett triefende Waffeleisen aus der Steckdose und schleudere es am Kabel haltend wie einen Morgenstern über meinem Kopf. Es tut mir sehr leid, aber vor Aufregung schlage ich es Eberhard vor den Hinterkopf. Er trägt seinen neuen Fahrradhelm. Ein dumpfer Schlag. Ein letztes fast lautloses Stöhnen des Getroffenen. Und ein zufriedenes Grunzen des fast völlig in race-red gekleideten Mannes.

Natürlich würden wir uns wünschen, es wäre bloß der Osenberg, der nun seine Maskierung herunterreißt und uns mit lustigen Crossstorys bestens zu unterhalten weiß. Wir wür-

den eine weitere Flasche Rotwein öffnen, gespannt Osenbergs Ausführungen lauschen, ab und an zaghaft etwas hinterfragen und immer wieder lauthals und entspannt lachen. Aber zum Lachen ist momentan außer der dicken Knechtsgestalt niemandem von uns. Was will der überhaupt? Wie konnte er so einfach reinkommen? Warum hat keiner von uns geputzte Schuhe an? Und wieso sitzen jetzt plötzlich am anderen Ende des Tisches mein Chef und mein alter Zahnarzt, während ich nur noch einen Stringtanga trage? Außerdem habe ich Lippenstiftschmierereien auf meinen Oberschenkeln …

»Aua!« Meine Schwester trat mich unter dem Tisch. »Nicht einpennen! Was meinst du denn überhaupt dazu?« Keine Ahnung, was ich zum Abschneiden der FDP bei der letzten Wahl sagen sollte. Ich vertrug jedenfalls definitiv keinen Alkohol!!!

Und ich fand Weihnachten doof. Man saß nur rum, aß ungesundes Zeug in rauen Mengen und trank zudem kalorienreichen Alkohol. Was ich brauchte, waren Bewegung und frische Luft. Und meine Freiheit. Der Weihnachtsmann mit seinem alljährlichen Terror konnte mich mal. Ich ging bald ins Bett, weil ich am nächsten Tag früh aufstehen und den Feiertag für eine lange Trainingsfahrt nutzen wollte.

Natürlich stellte ich mir öfter mal die Frage, was für ein Leben ich eigentlich führen wollte. Es war ja nicht so, dass ich ein erfolgreicher Profi war, was meinen Lebenswandel gerechtfertigt hätte. Mit Abstand betrachtet, kam ich mir manchmal ziemlich albern vor. Als ich zum Beispiel beim Samsonman im Lungau teilnahm, wurde mir das mal wieder sehr deutlich. Die Österreicher sind groß darin, ihren Veranstaltungen klingende Namen zu geben. Es handelte sich hierbei um die »inoffizielle Weltmeisterschaft der Hobbyrennradfahrer«. Ich fuhr sogar ein relativ starkes Rennen. Aber als ich nach 200 Kilometern bei Mauterndorf noch einen letzten steilen Weg zu einer alten Burgruine hinaufkroch, lauerte dort ein kleiner Junge aus der Gegend, der sich einen Spaß daraus machte, mich mit seinem Kinderrad zu überholen. Ich fuhr also gerade die Weltmeisterschaft und wurde von einem Dreikäsehoch düpiert. Das sagte doch alles!

Weil es bei der Siegerehrung stark regnete, waren nur wenige Teilnehmer erschienen, um ihre ehrenvolle Finisher-Gabe in Empfang zu nehmen. Die austeilenden Damen wurden ihre Sachen nicht los. Nach dem Motto »Wer hat noch nicht, wer will noch mal?« wurden die mit Logo bestickten Finisher-Westen unters Volk geworfen. Ich nahm mehrere mit. Meine Freundin wollte keine haben. Aber meine Mutter trägt nun eine Samsonman-Weste, auf die sich andere Finisher sonst was einbilden.

Daher war es schön, zu Hause eine Partnerin zu haben, die mich daran erinnerte, dass es andere wichtige Dinge im Leben gab. Und zu ihr kehrte ich oft reumütig und dankbar heim, wenn ich mal wieder bei einer beschissenen Ausfahrt mit irgendwelchen testosterongeschwängerten Typen unter die Räder gekommenwar. Bei ihr konnte ich mich fallen lassen und fand Verständnis, wenn ich über die doofen Angeber schimpfte. »Wieso gehst du dann überhaupt noch dorthin? Bleib doch lieber bei mir!« Zumindest an diesen Abenden pflichtete ich ihr bei.

Ich war es auch leid, als vermeintlicher Fahrradexperte ständig irgendwelche Dreigangräder aus der Nachbarschaft reparieren zu sollen. Einen Fußballprofi würde doch auch niemand fragen, ob er ihm die Wanderschuhe neu besohlt?! Das war also die Anerkennung für das, worauf ich selber so stolz war. Zudem wurde es auch meine Aufgabe, den Nichten und Neffen das Radfahren ohne Stützräder beizubringen. Weil ich Obacht gab, dass Annika nicht hinfiel, geriet ich beim Versuch, sie aufzufangen, ins Straucheln und schlug mir das Knie auf, während Annika selbstständig sicher zum Stehen kam und mich irritiert ansah. Der Typ sollte Ahnung vom Radfahren haben?

Manchmal durfte ich auch meine Radgeschichten zum Besten geben. Die exotische Welt des Radsports hat sich den Zuhörern nie erschlossen. Aber wenn der Bekannte meiner Freundin zu dem Thema zu erzählten wusste, wie ihm einmal sein Fahrrad bei Wellengang von seinem Segelboot in den Müritzsee gefallen und abgesoffen war, erntete er immer die größten Lacher.

Meine Freundin schickte mich zur Resozialisierung zum Fußballtreff der Männer ihrer Freundinnen. Ich hatte keine Fußball-, sondern nur Joggingschuhe. Ein erster Fauxpas. Obwohl ich mit Abstand die sportlichste Figur auf dem Platz hatte, wurde ich bei der Mannschaftsaufstellung erst als Letzter gewählt. Meine Mitspieler gaben mir den Ball nicht ab. Wenn ich gefoult wurde, erhielt ich als Einziger keinen Freistoß, und am Ende humpelte ich mit einem blutig getretenen Schienbein nach Hause. Alles Arschlöcher! Das konnte es ja wohl auch nicht sein! Aber wären wir in der Radgruppe mit jemandem, der in Joggingschuhen gekommen wäre, anders umgesprungen?

Als ich einmal mit meiner Freundin in der Sauna war und vor ihr aus der Kabine ging, schnappte sie drinnen folgenden Dialog über meine »Kanten« an den Oberarmen von zwei Typen auf, die offenbar nicht wussten, dass wir zusammengehörten:

»Rennradtrikot.«

»Jan Ullrich.«

»Sieht Scheiße aus.«

»Es gibt Schlimmeres.«

»Ein Sohn auf dem Gipfel des Mont Ventoux
ist kein Anblick für seine Mutter.«

Louison Bobet

Passo
del Bernina
2330 m s.l.m.

25. Etappe

Eiskalt erwischt

Als Schüler bin ich ein einziges Mal mit dem Fahrrad in die Schule gefahren. Dabei geriet ich in einen Regenschauer, und erst mittags war meine Jeans endlich wieder trocken. So fuhr ich weiterhin mit dem stickigen Schulbus, obwohl das obendrein auch noch länger dauerte. Mit dem Rad zur Schule kamen nur die komischen Freaks. Die coolen Mädchen saßen alle im Bus. Noch Fragen? Ich frage mich heute, ob meine schulischen Leistungen besser gewesen wären, wenn ich jeden Morgen mein Hirn mit frischem Sauerstoff versorgt hätte.

Das Schöne am Radsport war für mich immer das intensive Erleben der Natur. Jede Jahreszeit bekam ich hautnah zu spüren, wenn ich draußen mit dem Rad unterwegs war.

Im Frühling spürte ich das erste Mal nach Monaten wieder das Kitzeln der Sonne auf meinen Waden. Die Thermohosen wichen den Knielingen, und man konnte »Handschuhe ohne Finger« tragen. Nach der Kälte des Winters fühlten sich 15 °C richtig warm an.

Im Sommer fuhr ich in der warmen Luftströmung manchmal wie gegen einen Föhn und holte mir einen Sonnenbrand. Der Schweiß lief mir in die Augen. Auch spätabends konnte ich noch in kurz-kurz fahren.

Im Herbst roch der Wald besonders gut. Warm genug angezogen, ließ sich auch ein kleiner Schauer gut ertragen. Ich erlebte die Kräfte der Natur in einem Herbststurm bei Gegenwind.

Im eisigen Winter war die Sicht oft extrem klar. Radfahren war nun wie Skisport. Mit Halogenlampen fuhren wir mit unseren Bikes durch die dunkle Nacht und über knirschenden Schnee. Die kalte Luft füllte die Lungen mit frischem Sauerstoff.

Oft war ich den Naturgewalten schutzlos ausgeliefert. Wäre meine Freundin immer dabei gewesen, hätte sie mich bestimmt vor so mancher Situation bewahrt. Aber ich hätte auch weniger erlebt.

An einem Frühlingsabend, es war schon dunkel, fuhr ich von der Arbeit mit dem Rad nach Hause. Hinter mir türmten sich dunkle Wolken auf. Ein kräftiger Westwind schob mich mit 40 Stundenkilometern in Richtung Heimat. Ich beeilte mich, doch in Schlupkothen holte mich ein kräftiger Schneeregenschauer ein. Meine Freundin hätte sich jetzt bestimmt untergestellt. Aber es waren keine zehn Kilometer mehr bis zur Haustür. Also fuhr ich weiter. Meine Freundin hätte sich bestimmt auch noch die Regenjacke aus dem Rucksack geholt. Aber dafür hätte ich ja anhalten müssen. Dicke Tropfen trafen meine Oberschenkel. Ich hätte nicht gedacht, dass so kaltes Wasser noch flüssig sein kann.

Die Nässe drang durch den Stoff der Winterhose. Es hatte nicht lange geregnet, aber die Luft war deutlich abgekühlt. Meine Handschuhe waren mit Wasser vollgesogen. Meine Fußspitzen konnte ich nicht mehr fühlen. Es ging ein kleines Stück bergab. Der kalte Fahrtwind gab mir den Rest.

In der Auffahrt zum Radenberg hoffte ich, wieder warm zu werden. Warm vielleicht, aber trocken konnte ich vergessen. Und die Straße wurde wieder abschüssig. Meine Füße konnte ich nicht mehr spüren. Die Hände konnten nicht mehr bremsen. Ich begann zu zittern. Meine Arme waren unfähig, zu lenken. Immerhin war mein Oberkörper noch halbwegs warm und trocken. Irgendwie musste ich mich doch aufwärmen können? Es steckte noch Kraft in mir, aber die abgefrorenen Extremitäten konnten diese Kraft nicht auf das Fahrrad übertragen. Am Saurenhaus stieg ich ab und schob im Laufschritt das Rad neben mir her. Es war, als liefe ich auf Stelzen. Hatte ich überhaupt Schuhe an? Sicherheitshalber sah ich kurz nach.

Der ganz normale Feierabend-Autoverkehr rauschte an mir vorbei. Der Regen hatte längst aufgehört. Die Autofahrer hatten die Scheibenwischer ausgeschaltet und ihre Heizungen bestimmt voll aufgedreht. Ich rannte um mein Leben. Ich kam an einer Gaststätte mit dem Schild »Fremdenzimmer« vorbei. Drinnen saßen lachend Leute. Ich wollte hineingehen. Was hätte ich sagen sollen? »Helfen Sie mir, ich erfriere!«? Das konnte ich nicht bringen, ich war nur noch drei Kilometer von zu Hause entfernt. Es blieb mir nichts anderes übrig, als die gesamte Strecke schiebend zu laufen.

Als ich die nassen Sachen im warmen Heizungskeller ausgezogen hatte, ging es schon besser. »Kommst du auch noch mal?«, fragte meine Freundin. »Ja«, sagte ich den Tränen nahe.

Im Juni befand ich mich auf der Rückreise aus der Schweiz. Die Autobahnausfahrt Waldkirch an der A5 tauchte vor mir auf. Hier in der Nähe begann die berühmte Auffahrt auf den Kandel im Schwarzwald. Kurz entschlossen unterbrach ich die Fahrt, um mal eben schnell auf diesen Aussichtsberg zu radeln. Die Strecke durch den Wald war zwar anstrengend und lang, schien mir aber nichts Besonderes zu sein. Im Schutz der Bäume bekam ich gar nicht mit, dass es sich am Himmel ziemlich zugezogen hatte. Oben gab es überhaupt keine Aussicht. Fehlanzeige. Nur Nebel.

Während der Abfahrt begann ich ab der dritten Kurve stark zu frösteln. Es nieselte leicht. Meine Regenjacke hielt Wind und Regen ganz gut ab. Ich wusste nicht mehr, dass der Weg so lang gewesen war. An jeder Kurve wunderte ich mich, wie weit es noch bergab zu gehen schien. Starker Regen hatte eingesetzt. An den Bremsgriffen zu ziehen, schmerzte so sehr in den Fingern, dass ich es lieber sein ließ. Vor Zittern konnte ich mich kaum noch auf dem Rad halten. In einer engen Linkskurve kam mir ein Auto entgegen. Ich sah mich schon auf der Motorhaube liegen und hoffte, dass sie warm war. Doch der Mercedesfahrer reagierte im Gegensatz zu mir blitzschnell und lenkte seinen Wagen brutal in den Seitengraben. Er hatte nicht einmal gehupt.

Mir war inzwischen alles egal. Das untere Stück war leichter abzufahren. Ich ließ es einfach rollen. Mit Mühe konnte ich den Autoschlüssel aus der Trikottasche fingern. Die Reißverschlüsse meiner Kleidung waren mit den klammen Händen unmöglich zu bewegen. Es gelang mir, die Heckklappe meines Kombis zu öffnen, und ich kletterte hinten auf die Ladefläche. Dort blieb ich liegen, bis mir wieder etwas wärmer war. Es hat mich niemand beobachtet.

An einem sonnigen Oktobermorgen rief mich Eberhard an, ob wir nicht zusammen eine lange Rennradrunde fahren wollten, bevor die kalten Wintertage kämen. Der Himmel war strahlend blau. Das Laub leuchtete in den schönsten Farben. Ich hatte zwar gestern in der »Tagesschau« von einem Regengebiet gehört, aber die Wetterfrösche hatten sich offenbar mal wieder geirrt und lagen mit ihrer Prognose gehörig daneben. Meine Freundin fragte, ob ich die Regenjacke eingesteckt hätte. Aber das wäre doch uncool gewesen, sich so eine dicke Jacke hinten ins Trikot zu stopfen. Eberhard und Verena sahen das genauso. Wir fuhren gut gelaunt durch die Sonne bis zum Wendepunkt der Tour hinter Mühlen-Schmidthausen. Eberhard behielt dabei ständig die Durchschnittsgeschwindigkeit im Auge. Sonst war nichts weiter zu beachten. Dann drehten wir wieder Richtung Westen und starrten auf eine schwarze Wand.

Man hätte sich unterstellen können. Man hätte sich sogar unterstellen sollen. Nein, wir hätten uns auf jeden Fall unterstellen müssen! Das haben wir aber nicht. Das Argument war: »Nass werden wir jetzt sowieso.« Wir konnten nicht ahnen, dass es nicht den ganzen restlichen Tag, sondern nur zehn Minuten lang regnen würde. Die Sonne kam wieder raus, wir aber kamen nur noch bis Hohenplanken. Dann ging bei uns nichts mehr. Mit schlotternden Knien klingelten wir an einer Tür. Ein Mann öffnete uns und führte uns in seine Küche. Dort bekam jeder einen Pfefferminztee. Wir hätten besser auch noch nach Bademänteln und der Sauna gefragt. Stattdessen baten wir ihn, uns ein Taxi zu rufen. Als ich nach langer Fahrt zu Hause aus dem Großraumtaxi stieg und mein Rennrad hinten aus dem Auto zog, zitterte ich immer noch am ganzen Körper. Und das lag nicht an den 120 Euro, die wir für das Chauffieren bezahlen mussten.

Auf den Kanarischen Inseln ist immer Frühling. Im März startete ich dort meine selbst organisierte Trans-Canaria über sämtliche Inseln. An einem Tag wollte ich auf Teneriffa den Berg Teide umrunden. Wie weit das war und wie viele Höhenmeter bewältigt werden mussten, wusste ich, weil ich am Vortag dieselbe Runde andersherum gefahren war. 156 Kilometer inklusive eines Umwegs durch das schöne Teno-Gebirge mit mehr als 3000 Höhenmetern. Es war dort oben im Vulkankrater 2200 Meter über dem Meer so warm gewesen, dass ich am zweiten Tag nur eine leichte Windjacke einsteckte. Den ganzen Tag lang musste ich mir den Schweiß aus den Augen wischen.

Durch die Passatwinde liegen die Südseiten der kanarischen Berge immer in der Sonne. Aber auf der Nordseite, dort, wo mein Hotel lag, da stauen sich bei entsprechender Wetterlage die Regenwolken oder zumindest hoher Nebel. Das merkte ich, als ich am Ende meiner zweiten Teide-Umrundung die 40 Kilometer lange Abfahrt vor mir hatte. Es war verrückt. Hinter mir der strahlende Sonnenschein, und ich fuhr absichtlich in die feuchtkalte Nebelwand hinein. 2000 Höhenmeter lassen sich nicht so ohne Weiteres vernichten. Nach ein paar Kurven musste ich anhalten. Ich rieb mir die Hände warm und fuhr bis zur nächsten Kehre. So arbeitete ich mich Kurve für Kurve bibbernd nach unten. Die Touristen hätten mich sogar gerne mitfahren lassen, aber in den kleinen Mietwagen war leider kein Platz für ein Fahrrad. Als ich später den warmen Küstenstreifen erreichte, stellte ich fest, dass der Linienbus mich für 2,50 Euro mitgenommen hätte.

Dabei ist es mit der richtigen Ausrüstung überhaupt kein Problem, sich den Widrigkeiten des Wetters zu stellen. Im November war ich mal von Braunlage aus bei Regen und Schneematsch auf den Brocken im Harz gefahren. Ich hatte mir erhofft, auf dem Gipfel dick verschneite Tannenbäumchen zu sehen, die aussahen wie Schneemänner im finnischen Winterwald. Und natürlich die grandiose Aussicht. Aber es stürmte derart, dass ich fast von der Straße geweht wurde, und die Sicht war nahezu gleich null. Zudem hatte ich im Schneematsch gut damit zu tun, die Spur zu halten. Auf dem höchsten Punkt betrat ich, mittlerweile mit einer Schneeschicht bedeckt, den amtlichen Souvenirshop. Die blonde Verkäuferin war nicht überrascht. Sie wusste Bescheid. Ihr Bruder war auch Radsportler.

Für die Abfahrt hatte ich mir drei Paar Ersatzhandschuhe mitgenommen. Immer wenn ein Paar durchnässt war, tauschte ich es sofort gegen ein trockenes aus. Zusammen mit einer winddichten Hose, einer wasserdichten Jacke und Überschuhen war ich bestens für diese Wintertour ausgestattet. Auf der Abfahrt erlebte ich, wie es jeden Meter bergab wärmer wurde. Die Schneeflocken wandelten sich in Schneeregen und gingen schließlich ganz in Regen über. In der richtigen Kleidung ließen sich alle Eskapaden des Wetters aushalten. Spätestens unter der warmen Dusche konnte ich nur noch darüber lachen.

Im Januar befuhr ich einmal mit dem Crossrad den schneebedeckten Berninapass. Ein schöner sonniger Tag. Und für die kalten Temperaturen war ich perfekt angezogen. Die Crossreifen gruben sich knirschend in die festgefahrene Schneedecke. Oben am Pass wollte ich die weiße Straße vor dem dunkelblauen Himmel mit mir im Vordergrund fotografieren. Dazu legte ich einen meiner dicken Winterhandschuhe auf einer Mauer ab. Der eisige Wind wehte den Handschuh sofort weg. Er fiel hinter die Mauer. Hinter der Mauer ging es mehrere Meter senkrecht abwärts, dann begann ein steiler langer Schneehang. Den Handschuh irgendwie zu angeln, war unmöglich. Ohne diesen Handschuh wären mir auf der Abfahrt aber die Finger abgefroren. Also ging ich bis ans Ende der Mauer, die als Begrenzung der Fahrbahn diente, und stieg durch den hüfttiefen Schnee Schritt für Schritt durch den lawinengefährlich aussehenden Hang zu meinem Handschuh. Von der Straße aus war ich nicht mehr zu sehen. Vor Angst wurde mir so heiß wie im Juli beim Sprint auf die Ursenbacher Höhe. Wieso brachte ich mich ständig in solche Situationen? Natürlich ging noch mal alles gut, aber auf diese Schlagzeile hatte die Welt noch gewartet: »Radfahrer starb Lawinentod!«

Im selben Jahr im November unternahm ich einen Trip in die Dolomiten. Ein fettes Hoch bestimmte die Großwetterlage. Eine ganz tolle Jahreszeit für die Berge, wenn das Wetter mitspielt. Noch hatte es keine nennenswerten Schneefälle gegeben. Es herrschte kaum störender Verkehr, und ab dem späten Vormittag wurde mir in den Rampen richtig warm. Nur nachts war es schon empfindlich kühl. Weil ich in letzter Zeit sehr viele Radreisen unternommen hatte, musste ich in diesem Fall aus Kostengründen den Rotstift bei der Übernachtung ansetzen. Ich schlief auf der Ladefläche hinter den Vordersitzen meines Volvo-Kombis. Das war auf alle Fälle gemütlicher als in einem zugigen Schuppen.

Auf dem Programm standen längere Touren wie die Sellarunde, die Drei-Zinnen-Straße und diverse Pässe. Das Alpenglühen am Karerpass war der Hammer! Wenn ich von den bis zu 150 Kilometer langen Ausflügen am Auto ankam, fuhr ich direkt im Anschluss zwar meist zum Ausgangs- und Übernachtungspunkt der nächsten Radtour, sodass sich der Innenraum schnell erwärmte. Aber erst mal war es im Auto immer ziemlich kalt. Deshalb stellte ich den Volvo an einem Tag so ab, dass er nach meiner Rückkehr vom Passo di Rolle am Nachmittag noch schön in der Sonne vor der Kirche von Cavalese stehen würde. Den ganzen Tag über freute ich mich darauf, in den von der Sonne vorgewärmten Wagen zu steigen.

Als ich nach dieser weiteren Supertour beim Auto ankam, öffnete ich die Beifahrertür, zog mich bis auf die kurze Radhose aus und warf alles auf den Sitz. Dann knallte ich schnell die Tür zu, damit die Wärme nicht entweichen konnte. Ich ging um den Wagen herum und betrachtete meine strubbelige Frisur im Seitenfenster. Ich sah ja aus wie ein Penner. Mit den Fingern fuhr ich mir so lange durch die Haare, bis sie wieder einigermaßen saßen. Dann hörte ich ein vertrautes Geräusch und erblickte im spiegelnden Fenster meine weit aufgerissenen Augen.

Die Zentralverriegelung hatte das Auto selbstständig verschlossen. Ich griff sofort nach hinten in meine Trikottasche, wo der Autoschlüssel sein musste. Ich hatte aber kein Trikot mehr an, und der Schlüssel lag gut sichtbar oben auf dem Klamottenberg auf dem Beifahrersitz. Augenblicklich spürte ich die Kälte. Halb nackt rannte ich sofort an die Straße und versuchte, die vorbeifahrenden Autos anzuhalten. Wer würde für eine Gestalt in diesem Aufzug anhalten? Das dritte Auto hielt. Mit Händen und Füßen versuchte ich, dem freundlichen Italiener meine dumme Situation zu erklären. Der Mann gab mir eine dünne Satinjacke und zeigte mir, wo ich sie später deponieren sollte. Dann rief er die Polizei, zumindest glaubte ich das zu verstehen, und fuhr weiter. Über mir hing die Kirchenuhr. Die Minuten verrannen. Ich war zu aufgeregt, um zu frieren. Ich überlegte, was ich tun sollte. Vielleicht musste ich mich selber um weitere Hilfe kümmern?

Da kam ein Carabiniere und ließ sich von mir mit Händen und Füßen alles noch mal erklären. Dann sagte er in perfektem Deutsch, dass er schon mit Volvo telefoniert habe und dass es unmöglich sei, das Fahrzeug aufzubrechen. Ja, was dann? Scheibe einschlagen? Das war doch mein Schlafzimmer! Außerdem würde die Rückreise auf der Autobahn ohne Seitenfenster bestimmt kein Vergnügen werden. Der Carabiniere rief einen Automechaniker an. Es war schon 17:30 Uhr. In Deutschland wäre längst Feierabend gewesen.

Die Kirchturmuhr schlug noch ein paar Viertelstunden, und ich fühlte mich in meiner dünnen Satinjacke und der kurzen Hose im kalten Wind wie Robert Scott, kurz bevor er am Südpol erfror. Endlich tauchte ein kleiner roter Kastenwagen auf, aus dem ein alter, gedrungener Mann stieg. Er ging ein paarmal um mein Auto herum und sagte so was wie: »Dich kriege ich schon noch geknackt, Baby!« Zumindest interpretierte ich das so, mich an die vielen Mafiafilme erinnernd, die ich gesehen hatte. Dann fuhr der Mechaniker noch mal zur Werkstatt zurück, um ein bestimmtes Arbeitsgerät zu holen.

Es verging wieder eine kleine Ewigkeit. Längst war die Dämmerung in Dunkelheit übergegangen. Schlotternd stand ich im kalten Wind. Barfuß in Adiletten mit kurzer Hose und einem hässlichen Blouson. Gut, dass ich mich selber nicht sehen konnte. Da kam der kleine alte Mann zurück und hielt ein

Werkzeug wie einen breiten Schuhlöffel in der Hand. Damit hebelte er die Tür so weit auf, dass er mit einem Draht den Schlüssel angeln konnte. Ich hätte sein unrasiertes Gesicht küssen können und war bereit, jede Summe für diese ausgezeichnete Arbeit zu zahlen.

»20 Euro, prego.« Wer hätte das gedacht?

Casino Barrière
Fribourg

26. Etappe

Die Triathletin

Das bewährte Mini-Trainingslager auf Mallorca zog ich auch in diesem Frühjahr durch. Wenn schon Last-Minute-Flug, dann auch Low-Budget-Unterkunft! So startete ich wieder mit nur einem Rucksack und hatte vor, die Nacht im Freien zu verbringen. Diesmal waren aber sicherheitshalber mehr Klamotten und ein wärmerer Schlafsack im Gepäck. Ich wollte nachts nicht wieder frieren und hatte vor, den Schlafplatz eher im tiefer gelegenen Bereich an der Küste auszuwählen. Meiner Freundin erzählte ich zur Beruhigung aber, dass ich mir eine kleine Pension suchen würde.

Direkt nach der Landung fuhr ich mit dem Rad zum Hotel Delta, wo ich mich mit Maria und Hermann aus München traf. Die beiden kannten sich von zahlreichen Radurlauben her gut auf Mallorca aus und führten mich in ihrem Windschatten über die Insel. Natürlich in solch einem Tempo, dass ich von der Gegend nicht viel mitbekam. Ich musste mich vollkommen auf ihre Hinterräder konzentrieren und permanent den Gedanken an den viel zu schweren Rucksack verdrängen. Zum Glück fuhren wir nur flache Strecken um Llucmajor, aber ich hoffte bereits, dass sich unsere Wege bald trennen würden. Die beiden mussten ja irgendwann wieder in ihr Hotel zurück, während ich noch gemütlich bis zum Sonnenuntergang weiterfahren konnte, um mir dann im Straßengraben einen Schlafplatz zu suchen.

Als wir schließlich in die Hügel bei Puigpunyent kamen, bogen die beiden ab und ich entkam ihrem Tempodiktat. Eigentlich fing der Tag für mich jetzt erst an. Ich wollte noch über Valdemossa, Deià, Sóller die Küstenstraße bis Port de Pollença fahren. Doch die vorangegangenen Stunden im Sattel hatten bereits Spuren hinterlassen. Insbesondere Druckspuren auf den Gesäßknochen. Immer öfter musste ich nun Fotostopps einlegen. Zum Glück waren nicht viele Radfahrer unterwegs, sodass ich nicht überholt wurde. Das hätte ich mir natürlich nicht bieten lassen dürfen.

Als ich an einer aussichtsreichen Stelle hinter Deià angehalten hatte, um ein Foto von der Steilküste zu machen, kam eine Blondine auf ihrem Rennrad vorbei. In meiner Richtung! Alarm!!! Sofort nahm ich die Verfolgung auf. Normalerweise traten die Radfahrer auf Mallorca nur in Gruppen auf. Insofern war eine Einzelperson schon etwas ganz Besonderes. Erst recht, wenn sie lange blonde Haare und eine Topfigur hatte.

Ich blieb erst einmal hinter ihr und wusste nicht, was ich jetzt als Nächstes tun sollte. Frauen finden es ja meist blöd, wenn Männer sie überholen und den starken Max markieren. Den Fehler wollte ich nicht machen. Bevor ich weitere Überlegungen anstellen konnte, quatschte sie mich auch schon an. Sie freute sich sehr, eine Begleitung zu haben, und wir kamen ins Gespräch. Sie hieß Claudia, war eigentlich Triathletin und kam aus Frankfurt. Es machte großen Spaß, mit ihr zu fahren. Wir verstanden uns gut. Außerdem waren wir ungefähr gleich stark auf dem Rad. Sie befand sich auf einer 200-Kilometer-Tour, die sie ganz allein unternahm. Ich war stolz wie Oskar, neben so einer Traumfrau fahren zu können. Wenn uns andere Radfahrer begegneten, fühlte ich mich wie der König von Mallorca.

Im Anstieg zum Puig überholten uns ein paar schnelle Jungs. Sie hielten uns für ein Paar. Und ich hatte einen guten Grund, ihnen nicht sofort hinterherfahren zu müssen. Dennoch musste ich aufpassen, keine Schwäche aufkommen und mich womöglich von Claudia abhängen zu lassen. Inzwischen hatte ich Claudia erzählt, dass ich die Nacht draußen im Schlafsack verbringen wollte. Prompt kam von ihr das Angebot, bei ihr im Hotelzimmer zu übernachten. Welcher Mann träumte nicht davon? Darauf war ich aber nicht vorbereitet. Ein schlechtes Gewissen gegenüber meiner Freundin hatte ich auch sofort. Aber Claudia hatte doch recht. Wieso sollte ich im Freien schlafen, wenn in ihrem Bett genügend Platz war? Ich fing an, mir vorzustellen, was alles passieren würde, und wurde langsam nervös.

Riegel und andere Verpflegung hatte ich im Rucksack deponiert, sodass ich immer kurz anhalten musste, wenn der kleine Hunger kam. Ich ließ Claudia weiterfahren und musste ihr dann wieder hinterhersprinten. Es dauerte nur kurz, bis ich wieder ihre langen blonden Haare unter dem Helm leuchten sah. Und wenig später war ich wieder dran an ihren braun gebrannten definierten Waden. In der Abfahrt musste ich dann auf sie warten, weil sie angehalten hatte, um sich eine Windjacke anzuziehen. Die Sekunden vergingen. Ich dachte schon, sie kommt nicht mehr und alles war nur ein Traum. Aber schon flitzte sie um die Ecke, und wir fuhren wieder gemeinsam weiter. Manche Tage könnten einfach ewig dauern!

Auf der letzten Abfahrt des Tages legte ich noch eine Pipipause ein und ließ ihr wieder einen Vorsprung. Als ich nach wenigen Sekunden weiterfahren wollte, bekam ich einen üblen Kettenklemmer. Die Kette hatte sich beim Anfahren irgendwie zwischen Rahmen und Kettenblatt verhakt. So einfach bekam ich sie nicht los. Ich versuchte es zuerst behutsam. Dann mit Gewalt. Brutaler Gewalt. Aber es half nichts, ich musste mit den Händen in die Kette greifen. Zwar war sie dann schnell wieder frei, aber meine Finger sahen aus wie Sau. Die Uhr lief unaufhörlich weiter, und ich wusste, dass Claudia trotz meiner Abfahrtskünste bald uneinholbar sein würde. Aber mit so schwarzen und ölverschmierten Händen konnte ich doch unmöglich bei ihr auflaufen.

Zum Glück hatte ich sogar Taschentücher im Rucksack. Doch jetzt klemmte auch noch der Reißverschluss. Es war der reinste Albtraum. Es dauerte eine gefühlte Ewigkeit, bis ich mich endlich in die Verfolgung stürzen konnte. In den zahlreichen Serpentinen hatte ich den Eindruck, sie bald einholen zu können. Aber als ich sie auf einer kilometerlangen Geraden nicht mehr sah, bekam ich ernste Zweifel. Ich hoffte, sie würde an der nächsten Kreuzung stehen und auf mich warten. Das tat sie aber nicht. Vielleicht hatte sie es auch getan, aber leider nicht lange genug.

Jetzt wusste ich nicht einmal, in welche Richtung ich weiterfahren sollte. Den Namen ihres Hotels hatte sie mir nicht gesagt. Wozu auch? Wir wären ja zusammen dort angekommen. Jetzt stand ich allein auf der Straße und irrte emotional total aufgewühlt durch den Ort. Es war ein Gefühl des Verlassenwerdens. An einer zentralen Kreuzung setzte ich mich auf eine Bank, begann ein Frustessen und wartete auf ein Wunder. Vergeblich. Letzten Endes kroch ich auf der in Strandnähe gelegenen Terrasse einer Hotelbaustelle in meinen Schlafsack und trauerte der verpassten Gelegenheit nach. Ich hatte das Rennen verloren!

Am nächsten Tag hoffte ich, Claudia auf dem Weg nach Cap Formentor wiederzusehen. Das hätte ja nahegelegen. Dort rechnete ich mir die größten Chancen aus. Aber eine weitere Nacht würde ich ohnehin nicht auf der Insel verbringen. Natürlich traf ich außer hohlen Rennradfahrern niemanden mehr. Am Abend ging mein Flug nach Hause. Mit verknalltem Kopf zurück zur Freundin.

Da ich auf Claudias Trikot ihren Heimatverein hatte lesen können, schrieb ich ihr eine Woche später dorthin einen Brief. Als Absender nannte ich ihr meine E-Mail-Adresse. Damals war die Kommunikation per E-Mail noch ganz neu. Es war mein erster Account. Ich hatte ihn extra für diesen Kontakt angelegt, denn ich konnte mir ja schlecht Post von ihr nach Hause kommen lassen. Und ich erhielt nach ein paar Tagen meine erste E-Mail überhaupt. Von Claudia. Sie schrieb, dass sie lange an jener Kreuzung auf mich gewartet hätte. Dass ich so lahm sein würde, konnte sie sich beim besten Willen nicht vorstellen. Sie nahm an, dass ich es vorgezogen hätte, irgendwo in den Bergen zu übernachten. Aber so was macht doch kein normaler Mensch!

Einige Jahre später wollte ich nochmals so ein abenteuerliches Wochenende auf Mallorca verbringen und buchte mir mal wieder einen günstigen Flug. Der Airport-Shuttlebus holte mich um drei Uhr morgens ab und ließ mich samt Rennrad genau vor dem richtigen Schalter raus. So früh am Morgen war der Flughafen noch verwaist. Nur wenige Leute standen in der Schlange an meinem Schalter. Da winkte mich der Mann vom First-Class-Check-in zu sich. Ooh, ein Upgrade!

»So, wo wollen Sie denn hin?«

Ich legte ihm brav mein Ticket und die Bescheinigung für das angemeldete Fahrrad vor.

»Haben Sie das Fahrrad für den Flug vorbereitet?«

Ich sagte, ich wolle es so abgeben, wie es sei. Und dass ich dies schon öfter so gemacht hätte. Der Mann beugte sich behäbig vor und sagte: »Die Pedale müssen ab!« Ich zuckte mit den Schultern und erklärte ihm freundlich, dass ich das gerne machen würde, aber kein Werkzeug dabeihätte. Da ich nur Handgepäck hatte, wäre ich mit Werkzeug nicht durch die Sicherheitskontrolle gekommen. Ein gutes Argument. Aber jetzt wollte er meinen Rucksack wiegen. »Handgepäck darf maximal acht Kilo wiegen.« Er versuchte, mich erstklassig zu schikanieren. Der Rucksack wog nur vier Kilo. Also fing er wieder mit den Pedalen an. »No way!«

Aber auch ich blieb standhaft und hoffte darauf, dass er ein Einsehen haben und mich letztendlich durchlassen würde. Er war mir in keiner Weise behilflich und verwies mich bei der Suche nach einem 15er-Schlüssel an die Mitreisenden. Obwohl einige Radtouristen in der Abflughalle waren, hatte niemand von ihnen das passende Werkzeug im Koffer. Langsam wurde ich ärgerlich, und mir schossen vor Wut Tränen in die Augen. Früher saßen aufgestylte Stewardessen am Check-in, heute hatte ich es mit einem echten Ekeltypen zu tun. Es nutzte auch nichts, den Schalter zu wechseln. Die Kollegen hatten die Sache längst mitbekommen. Angeblich weigerte sich der Rampenchef, mein Rad mit Pedalen zu verladen. Wir reden hier über vier Zentimeter Pedale! Der inzwischen quer gedrehte Lenker stellte nach meiner Ansicht ein wesentlich größeres Hindernis dar.

Bis zum Schluss hielt ich an meiner Strategie fest, den gemeinen Schaltermann freundlich zu belabern. Zu spät erkannte ich, dass meine einzige Chance darin bestanden hätte, draußen jeden Taxifahrer auf einen 15er-Schlüssel anzuquatschen. Die Idee schien mir aber abwegig. Draußen herrschten feuchtkalte zwei °C, und ich war nur für sonnige 20 °C angezogen. Außerdem war um diese Zeit noch tote Hose. Ich drohte meinem bösen Gegenüber, das Rad einfach hier stehen zu lassen. »Sie dürfen kein Gepäck unbeaufsichtigt zurücklassen! Sonst rufe ich das Wachpersonal.« Es gab keine Möglichkeit, das Rad mitzunehmen, es gab keine Möglichkeit, das Rad irgendwo unterzustellen, und der unsportliche Schaltermann sah sich nicht genötigt, mal den Hausmeister anzurufen. Ich wurde eiskalt abgewiesen und musste mich auf den umständlichen Rückweg mit der Bahn machen. Das war mein letzter Versuch gewesen, mit dem Rad auf diese Art und Weise zu fliegen.

Ich hatte bereits festgestellt, dass man durchschnittlich mindestens 40 000 Kilometer auf dem Rad abspulen musste, um zu einer vielversprechenden Begegnung mit einer Rad fahrenden Frau zu kommen. Es war wohl noch nicht so weit. Ich musste weiterfahren.

1946 RL OB

27. Etappe

C-Rennen

Es lief die vorletzte Runde des Rennens. Das geschlossene Feld von circa 150 Rennfahrern rauschte auf den Start-Ziel-Bereich zu. Ich stand am Rand, um mir das Finale des Seniorenrennens anzusehen. Die Fahrer würden nun auf ihre letzte Runde gehen, und anschließend war ich an der Reihe. Wer beim vorletzten Überfahren der Ziellinie nicht mehr vorne mit dabei war, hatte im Schlusssprint keine Chance mehr. Viele Zuschauer standen neben der Strecke. Angehörige, Betreuer, Anwohner und natürlich die anderen Fahrer, deren Rennen erst später stattfinden würden. Die meisten Vereine richteten ihre Wettkämpfe für alle Altersklassen über einen ganzen Tag verteilt aus. Vom Schüler bis zum Greis durfte jeder mit Rennlizenz früher oder später auf die gesperrte Strecke.

Die Spannung stieg. Dicht gedrängt standen die Zuschauer hinter den Absperrungen. Die Kinder durften nach vorne. Ich musste mich auf die Zehenspitzen stellen. Es war deutlich zu spüren, dass hier gleich etwas passieren würde. Die Dramatik lag förmlich in der Luft. Die Energie des heranrasenden Pelotons versetzte das Publikum in höchste Anspannung. Alle reckten die Hälse.

Da hörte ich ein auffälliges Geräusch. Es klang, als würde ein Pedal über eine Bordsteinkante schrabben. Irgendwie metallisch. Offenbar hatte einer der Senioren einen kleinen Fahrfehler begangen. Außer mir schien das kaum jemand gehört zu haben. Vermutlich würde dieser eine Fahrer gleich Schwierigkeiten bekommen und eventuell sogar stürzen. Ich versuchte, diese Person in der sich mit großer Geschwindigkeit bewegenden Masse auszumachen. Das Feld raste in unveränderter Form weiter. Meine Augen schossen hin und her. Wo steckte der Mann, der gleich stürzen würde? Nichts war zu erkennen.

Die ersten fünf Rennfahrer überquerten bereits die Ziellinie und gingen in ihre letzte, alles entscheidende Runde. Sie sausten an mir vorbei. Da sah ich plötzlich eine merkwürdige Querbewegung im Feld. Es fiel aber nicht nur ein Fahrer, wie ich vermutet hatte. Wie beim Domino rollte eine Sturzwelle durch das komplette Feld. Alle Rennfahrer, mit Ausnahme der ersten fünf, stürzten wild durcheinander. Spitze Schreie der Frauen an den Banden. Das Stürzen nahm kein Ende. Eine fürchterliche Geräuschkulisse. Metallische Schleifgeräusche, tierisches Gebrüll, laut wie Schüsse platzende Schläuche. Bis endlich alle Senioren auf dem Boden lagen. Wirklich restlos alle.

Es stank wie in einer Schleiferei und nach verbranntem Gummi. Darunter mischte sich der Geruch von Massageöl und angebranntem Fleisch. Das Publikum war weit zurückgewichen. Die Kinder liefen weg. Die Frauen hielten sich verschreckt die Hände vor den Mund. Oder gleich vor die Augen. Ein allgemeines Stöhnen und Wehklagen setzte ein.

Die Radrennfahrer, die glimpflich davongekommen waren, standen schnell wieder auf und verließen fluchtartig mit ihren Rennrädern die Szene. Andere sprangen panisch über die Seitenabsperrung hinweg. Die Zuschauer hatten sich größtenteils verdrückt. Ich stand nun ganz vorne und sah, dass einige Fahrer nicht mehr in der Lage waren, alleine aufzustehen. Das Ausmaß des Massenunfalls war gar nicht zu erfassen. Überall sah man die Opfer des Sturzes sich aufrappeln. Manche blieben bewusstlos liegen.

Dann wurden die offiziellen Rennkommissäre plötzlich nervös. Die fünf verbliebenen Rennfahrer kamen auf den Zielbereich zugerast, um den Sieg unter sich auszumachen. Die Verwundeten versuchten unter Schmerzen, sich in Sicherheit zu bringen. Die Kommissäre wedelten mit den Armen, damit die fünf Rennfahrer am linken Rand blieben, wo keine Verletzten lagen und eine Durchfahrt möglich war. Ungeachtet der gestürzten Kameraden sprinteten die Fünf mit aller Kraft um den Sieg. Stiefeling gewann.

Die bereitstehenden vier Krankenwagen mussten zweimal kommen, bis alle Schwerverletzten abtransportiert waren. Und jetzt war ich an der Reihe mit dem Rennen der C-Amateure. Die Blutflecken und der Inhalt der ausgelaufenen Trinkflaschen waren noch auf der Straße zu sehen, auf der sich nun die Starter des nächsten Rennens aufstellten. Ich hatte keine große Lust mehr und das Geschehene nicht im Geringsten verarbeitet. Eberhard tat so, als sei nichts passiert. Er bemühte sich, so blasiert wie die anderen Rennfahrer zu gucken.

Das Thema Stürzen ist unter Rennfahrern absolut tabu. Niemand darf das böse Wort in den Mund nehmen. Keiner will darüber sprechen. Man versucht, die allgegenwärtige Sturzgefahr auszublenden. Dabei wäre eine Analyse solcher Unfälle sicher ganz hilfreich für die Vermeidung zukünftiger Stürze. Allerdings beruht die Renntaktik seit jeher auf risikoreichem Windschattenfahren. Aus diesem Grund will von der Idee einer Sturzanalyse niemand etwas hören. Vermutlich denken die Rennfahrer, sie würden einen Sturz damit nur herbeireden oder sogar für sich in Erwägung ziehen. Was natürlich total an den Haaren herbeigezogen ist. Ich hätte vielleicht mal erwähnen sollen, dass nach Einnahme von Aspirin das Blut dünner wird und dann im Falle eines blutigen Sturzes schlechter gerinnt.

Mein C-Rennen begann. Sofort wurde vorne Attacke gefahren. Mein Maximalpuls war nach wenigen Rennsekunden bereits erreicht. Das Loch zur Spitze musste erst mal zugefahren werden. Und schon wurde der nächste Angriff unternommen. Ich bekam bald kaum noch Luft und fühlte mich wie ein Ertrinkender. Die nächsten Ausreißer versuchten ihr Glück. Meine Beine wurden immer dicker. Es kam keine Ruhe ins Feld. Voller Antritt nach jeder Ecke. Langsam fuhr ich mich so rot wie die Fahne von China. Bloß nicht abreißen lassen. Der Windschatten des Vordermanns war überlebenswichtig, sein Hinterrad galt es unbedingt zu halten.

Ein lauter Schrei. Unmittelbar vor mir war jemand gestürzt. Nicht schlimm. Aber die Hintermänner mussten bis zum Stillstand abbremsen, während die Spitze mit unverändert hohem Tempo weiterfuhr. Jetzt musste ein größeres Loch zugefahren werden. Ich verschoss meine letzten Körner in der Verfolgung. Aber wir fanden wieder Anschluss. Zack! Da kamen die nächsten beiden Kandidaten zu Fall. Bedingt durch die übermäßige Anstrengung konnten manche schon nicht mehr geradeaus gucken. Der Sturz war direkt vor mir passiert. Ich musste erneut von Tempo null auf Höchstgeschwindigkeit beschleunigen. Ein paar Lutscher hingen an mir dran. Im verzweifelten Versuch, noch einmal Anschluss an das Feld zu finden, gab ich alles.

Ich guckte mich um. Die anderen waren nicht mehr bereit oder in der Lage, mir bei der Führungsarbeit zu helfen. Ich schmeckte Metall. Eisen. Die Kapillargefäße in der Lunge waren bei der Anstrengung geplatzt, und ich hatte Blutgeschmack im Mund. Ganz normal. Wir erreichten eine zurückgefallene Gruppe. Endlich Windschatten. O nein! Ein Trottel berührte das Hinterrad seines Vordermanns und verlor das Gleichgewicht. Im hohen Bogen ging er über den Lenker. Sein Hinterrad stand hoch in der Luft. Ich knallte mit meinen Carbongriffen genau auf sein Ritzelpaket. Die schönen Griffe waren verkratzt, aber ich blieb unverletzt und konnte mich auf dem Rad halten. Ein drittes Mal in Folge musste ich nun hart antreten. Nach wenigen Sekunden war klar: Das Rennen war für mich gelaufen. Ich war mit den anderen Verfolgern aussichtslos abgehängt worden. Wir ließen es ausrollen. Der Krieg war vorbei.

Häufig waren solche Lizenzrennen für mich nur ein kurzes Vergnügen. Je nach Streckenprofil konnte ich ein Rennen oft genug nicht bis zum Finale mitfahren. Aber ich musste nur vier Euro Startgeld bezahlen. Ganz anders als bei den Jedermannrennen, wo die Teilnahme 40 oder gar über 80 Euro kostete. Der Preisunterschied lag wohl im Service begründet. Als Jedermann bekam man nämlich Getränke aus Gießkannen eingeschenkt und ein Finisher-T-Shirt zum Ketteputzen.

www.rsc-ladenburg.de

28. Etappe

Sparringspartner

Es gibt wenige Sportarten, bei denen man seine Mitstreiter während der aktiven Ausübung nur von hinten sieht. Radsport gehört dazu. Wenn man sich nicht gerade zufällig nach abgehängten Fahrern umieht, denen man in ihre schmerzverzerrten und verzweifelten Gesichter gucken kann, dann hat man immer nur den Hintern, den Helm und die Beine der Vorderleute vor Augen. Wobei ein erstaunliches Phänomen zutage tritt: Von hinten sehen alle Radfahrer gleich aus. Ob es nur an den Helmen liegt? Ein Siebzigjähriger mit guter Fitness sieht nicht anders aus als ein Jüngling von 20 Jahren. Vielleicht liegt es daran, dass man sich im Windschatten in erster Linie an den Waden des Vordermanns orientiert und abzuschätzen versucht, ob diese in der Lage sind, Angst und Schrecken zu verbreiten. Erst bei einer Fahrtunterbrechung oder im Ziel stellte ich oft verwundert fest, dass ich es den halben Tag mit jemandem aus einer ganz anderen Generation zu tun gehabt hatte. Das Alter spielt beim Radsport also eher eine untergeordnete Rolle und spiegelt sich erst bei Anstrengung in den Gesichtern wider. Dort lässt sich das wahre Alter nicht verbergen, denn es schneidet unübersehbare Falten in die hochroten Köpfe.

Unter meinen Trainingspartnern befanden sich Menschen aus allen Altersklassen. Solange man dasselbe Tempo fahren konnte, passte man gut zusammen. Nach Charakter oder der politischen Einstellung wurden die Trainingspartner in der Regel nicht ausgesucht, Hauptsache, sie fuhren stark genug. Die wenigsten von ihnen hätte man abends gerne mit am Tisch gehabt. Das waren doch alles komische Typen, die nichts als Radfahren in der Birne hatten. Meiner Freundin hätte ich jedenfalls kaum einen von meinen Radfreunden als prima Kerl vorstellen können. Sie hätte stark an meiner Zurechnungsfähigkeit gezweifelt.

So trainierte ich also auch mit Leuten, die mein Sohn oder sogar mein Vater hätten sein können. Gerade die Älteren dienten mir dabei stets als Vorbilder. So fit wie Cerny, Hans oder Ernst wollte ich in deren Alter auch noch sein. Sie führten mir vor, was im Alter noch geht. Und dass ich mich höllisch anstrengen musste, um gegen sie nicht selber alt auszusehen. In anderen Sportarten spielt der Altersunterschied eine wesentlich größere Rolle, aber beim Jungbrunnen Radsport ist das tatsächliche Alter eigentlich nebensächlich. Die Antrittstärke lässt im Alter allerdings stark nach, aber tempohart waren die Haudegen immer noch. Die alten Herren waren auch nie verärgert, wenn sie von jüngeren

Mitfahrern besiegt wurden. Sie standen längst über solchen Kleinigkeiten. Meine Trainingspartner, die meine Kinder hätten sein können, vertrugen Niederlagen gegen mich weitaus weniger gut.

Florian war 15 Jahre jünger als ich und führte mir meine Altersträgheit nur allzu gerne vor. Als ehemaliger B-Fahrer wusste er genau, wie und wo er mich zu attackieren hatte. Meist schrieb er mir gegen Mittag eine E-Mail ins Büro, um mir seinen Streckenvorschlag zu unterbreiten. Der Plan sah immer vor, so gut wie jeden Hügel mitzunehmen und möglichst viele Höhenmeter zu machen. Dann musste ich am Feierabend nach Hause hetzen, um pünktlich mit ihm losfahren zu können. Wir rasten gleich zu Anfang in einem Affentempo aus der Stadt. Ich musste mich in seinen Windschatten klammern, in der Hoffnung, dass er mich nicht nach vorne schicken würde. Während der ersten Hälfte der Ausfahrt machte er mich stets fix und fertig. Florian baute sein Ego auf meine Kosten auf, während ich rasselte wie mein eigener Großvater.

Aber jedes Mal drehte sich im Laufe unserer gemeinsamen Ausfahrten irgendwann das Blatt zu meinen Gunsten und er zappelte hilflos an meinem Hinterrad. Obwohl ich oft während unserer Touren sehr sauer auf ihn wurde, wenn er mich rücksichtslos am Berg stehen ließ, blieb ich doch stets gnädig, wenn ich selbst Oberwasser bekam. Während wir immer in bester Stimmung aufgebrochen waren, so redeten wir oft ab dem zweiten Berg kein Wort mehr miteinander. Zu tief saß der Ärger über die Niederlagen am Anstieg. Wir waren beide keine guten Verlierer.

Auf einer der üblichen Abendfahrten bemerkte ich, wie seine Kraft an den letzten Hügeln nachließ, und spielte meine zurückgewonnene Überlegenheit zufrieden gegen ihn aus. Florian muss mich dafür gehasst haben, dass ich immer wieder locker antrat und ihn distanzierte. Dieses Gefühl des Unterlegenen kannte ich selbst nur zu gut. Doch bemühte ich mich, es für ihn spannend zu halten und ihm scheinbar eine Chance zu lassen. Inzwischen hatte ich seine ständigen Attacken und das gemeine Abhängen vom Anfang vergessen. Ich war sogar bereit, wieder mit ihm zu reden. Als ich mich nach ihm umdrehte, musste ich aber feststellen, dass er bereits an der letzten Kreuzung grußlos rechts abgebogen war.

Ein paar Tage später würde er wieder eine E-Mail schicken. Das war ja das allgemeine Problem. Es gab einfach keine gescheiten Trainingspartner. Man musste immer wieder mit den gleichen Typen los, über die man sich jedes Mal aufs Neue aufregte. Das ging allen Radfahrern so. Dabei hatten wir das seltene Glück, unseren Sport zur Not auch ganz alleine ausüben zu können. Wenn ich früher als Kind allein mit dem Fahrrad unterwegs war, habe ich mir immer vorgestellt, ich wäre ein Ausreißer bei der Tour de France und müsste meinen imaginären Verfolgern entkommen. Dieses Spielchen zelebrierten einige meiner erwachsenen Trainingskumpels offenbar immer noch, wenn sie solo unterwegs waren. Das hätte ich auch lieber tun sollen, aber ich war so dumm, mich an jedem Wochentag mit einem anderen Partner zu verabreden. Ich selbst geriet immer mehr ins Übertraining, während Olaf, Frank oder Rainer jeweils frisch und ausgeruht waren und mich der Reihe nach fertigzumachen versuchten. Ich weiß gar nicht mehr, wieso ich mich ständig zum Training überreden ließ, obwohl ich eigentlich längst eine Pause gebraucht hätte. Um die Freundschaft zu erhalten, habe ich es bestimmt nicht gemacht. Ich wollte den anderen wohl demonstrieren, dass ich täglich in der Lage war, ein starkes Training fahren zu können. Und ich war inzwischen definitiv süchtig nach der täglichen Dosis Serotonin.

Manchmal traf ich beim Einkaufen einen Radfahrpartner, den ich ohne seinen Helm meistens gar nicht erkannte. Meine Freundin wunderte sich dann, was für seltsame Menschen ich kannte. Es war für sie nicht nachvollziehbar, dass ich mit so schrägen Vögeln freiwillig in meiner Freizeit Kontakt hatte. Sie stellte sich bestimmt ganz andere Typen vor, wenn ich ihr zu Hause meine tollen Heldengeschichten erzählte.

Regelmäßig und gerne fiel ich auch auf Eberhard herein, der mich zu einer lockeren Runde überreden wollte. Ich weiß bis heute nicht, wie *er* sich dabei gefühlt hat. Aber ich musste permanent Druck aufs Pedal bringen, um an ihm dranzubleiben. Geredet wurde auch nicht viel. Der Fahrtwind war einfach zu laut. Nicht nur bergab. Dass er am Ende immer die Durchschnittsgeschwindigkeit auf seinem Tacho kontrollierte, weckte in mir den Verdacht, dass vermutlich doch kein lockeres Training beabsichtigt gewesen war. Ein Nebeneinanderfahren mit Unterhaltung war mir jedenfalls nicht möglich. Ich sah ihn nur von hinten.

29. Etappe

Santiago de Compostela

Der Radsport und die Kirche sind eng miteinander verbunden. Vieles hat dabei vielleicht mit Aberglauben zu tun. Mit einem Heiligenbildchen auf dem Vorbau bemühen sich manche um göttlichen Beistand. Oberhalb des Comer Sees gibt es die Kapelle der Madonna del Ghisallo. Das Kirchlein ist gänzlich dem Radsport geweiht und beherbergt einige sehenswerte Ausstellungsstücke. Verschiedene Siegertrikots wurden ebenso gestiftet wie die originalen Rennräder einstiger Größen. Direkt daneben wurde ein modernes Museum für noch mehr Fahrräder gebaut. Wie die Autofahrer vom Heiligen St. Christophorus, so erhoffen sich die Radfahrer Schutz von der Madonna del Ghisallo.

Aus ganz atheistischen Gründen überredete ich meine Freundin zu einer Reise auf dem Jakobsweg nach Santiago de Compostela. Ich hoffte, wieder etwas mehr Nähe zu ihr zu finden. Eine gemeinsame Etappenfahrt auf einem Tandem. Näher ging es ja nun wirklich nicht. Wir wollten von Burgos den alten Pilgerweg bis Santiago fahren. Die 550 Kilometer wurden in zehn gemütliche Etappen aufgeteilt. Unser Gepäck zogen wir in einem Anhänger hinter dem Tandem her. Eigentlich hasste meine Freundin Spanien. Und Radfahren hasste sie inzwischen noch mehr. Aber irgendwie war es mir mal wieder gelungen, meinen Willen durchzusetzen.

Bei der Deutschen St. Jakobus-Gesellschaft in Aachen hatten wir uns Pilgerausweise besorgt, die zur kostenlosen Übernachtung in einfachen Herbergen entlang des Weges berechtigten. Weil meine Freundin aber wenig Lust auf verwanzte Matratzen hatte, wichen wir immer in ordentliche Hotels aus. Die erste Etappe lief super. Unsere Stimmung war blendend, obwohl wir an einem Schild vorbeigekommen waren, das die restliche Entfernung nach Santiago anzeigte.

In Castrojeriz fanden wir ein uriges Hostel in der Altstadt. Abends aßen wir mit anderen Wanderern in einem kleinen Restaurant, in dem der Koch in einer Ecke des winzigen Essraumes seine Speisen auf offenem Feuer zubereitete. Wir fühlten uns wie Pilger im Mittelalter. Die Hotels mit dem von uns gewünschten Standard lagen aber in weiteren Abständen voneinander entfernt, als es einer normalen Tageswanderung für Fußpilger entsprach. So mussten wir schon am zweiten Tag unsere Tagesstrecke verdoppeln und fuhren 97 Kilometer bis Sahagún.

Das war aber das einzige Mal, dass ich die versprochenen 55 Kilometer nicht einhielt. Wir waren in der Nachsaison unterwegs und bekamen immer eine Unterkunft. Aber es war auch schon ziemlich kühl auf dem spanischen Hochplateau. Bis León blieb das Wetter gut. Dann jedoch hatten wir immer wieder mit Regen zu kämpfen. Unsere Bedürfnisse begrenzten sich auf ganz elementare Dinge. Abends ein Dach über dem Kopf, eine warme Mahlzeit, eine heiße Dusche, ein sicherer Parkplatz für das Tandem. Und schon waren wir glücklich. Naja, so ganz glücklich war meine Freundin doch nicht. Sie hatte sich überreden lassen und der Sache positive Aspekte abgewonnen. Ein bisschen Sport machen, etwas abnehmen, die Figur in Form bringen. Vielleicht hatte sie auch gedacht, meine Faszination am Radsport nach dieser Reise besser zu verstehen. Jetzt aber tat ihr vom ungewohnten Sattel der Hintern weh. Was für mich Fahrspaß bedeutete, war für meine Freundin Quälerei. Und nun hing sie mit drin in diesem Urlaubsprojekt, aus dem es keinen Ausweg gab. Selbst die versprochenen Pausen waren keine Freude, weil es oft zu kalt war, um sich draußen hinzusetzen. Aber sie hielt tapfer durch. Abends wussten wir oft nicht mehr, wo wir morgens eigentlich aufgebrochen waren. Besser kann man im Urlaub doch wirklich nicht abschalten als auf solch einer Radreise.

Wir hielten uns mit dem geländegängigen Tandem größtenteils an den historischen Originalweg und wichen nur auf Nebenstraßen aus, wenn es für den Anhänger zu holprig wurde. Die eindrucksvollste Etappe führte über den höchsten Punkt unserer Reise, den 1500 Meter hohen Rabanalpass. Der Blick wanderte über sanft gerundete, dunkelgrüne Bergkuppen. Es roch nach Ginster, Heidekraut und Lavendel. Kurz vor der Passhöhe kamen wir durch das verfallene Steinhüttendorf Foncebadón. Es wirkte gespenstisch im Nebel, und wir hörten aus einem der Häuser gregorianische Gesänge. Wir waren nicht neugierig genug. Schnell fuhren wir deshalb weiter zum Passübergang.

Dort erhebt sich das Cruz de Ferro. Aus einem Steinhügel ragt ein dünner Baumstamm hervor, auf dessen Spitze ein einfaches Eisenkreuz befestigt ist. Der Hügel besteht aus bestimmt Millionen von Steinen, die in tausendjähriger Tradition von den vorbeiziehenden Santiago-Pilgern als Symbol des Ballastabwerfens niedergelegt worden sind. Es sind auch etliche Devotionalien an dem Baumstamm befestigt. Das Ganze erinnerte mich sehr an das Denkmal von Tom Simpson auf dem Mont Ventoux und glich eher einer Müllhalde als einem spirituellen Ort.

Nun begann eine rauschende Talfahrt ins Weinanbaugebiet des Bierzo. Wir erreichten eine Maximalgeschwindigkeit von 68,9 Stundenkilometern. Das war für unser Gespann äußerst schnell. Ich sagte meiner Freundin nicht, dass wir dabei an einem Denkmal vorbeigerast waren. An dieser Stelle war ein gewisser Heinrich Krause mit seinem Fahrrad tödlich verunglückt, wie ich vorher in unserem Reiseführer gelesen hatte.

Die karge, windige Hochebene hatten wir verlassen und fuhren nun durch eine grüne, hügelige Landschaft. Nur noch ein höherer Pass lag vor uns: der Alto do Poio, 1337 Meter über dem Meer. Bevor wir diesen Punkt erreichten, hatten wir im Gebirgsdorf Cebreiro einen Platten. Meine Freundin sah sich die alten Rundhäuser mit den strohgedeckten Dächern an, während ich schnell den Schlauch wechselte. Sie war total erstaunt, dass wir schon nach wenigen Minuten weiterfahren konnten. Der Defekt schien ihr einem Totalschaden gleichzukommen. Ich hatte ihre volle Bewunderung, weil ich uns in ihren Augen vor einem Fiasko bewahrt hatte.

In Sarria überholte uns ein anderes Paar mit Fahrrädern und Anhänger. Das lag aber daran, dass wir uns wegen des starken Regens untergestellt hatten.

Galicien ist die grüne Ecke Spaniens. Weil es immer regnet. Nicht nur deshalb erinnerte die Gegend sehr an das Bergische Land. Es war fast wie zu Hause. Ein Hügel folgte auf den nächsten. Landwirtschaft wechselte sich mit kleinen Laubwäldern ab. In den über die Landschaft gewürfelten abgeschiedenen Dörfern schien die Zeit stehen geblieben zu sein.

Am frühen Nachmittag waren es nur noch 42 Kilometer bis Santiago. Ein Katzensprung. Es war ein herrlich sonniger, warmer Tag. Meine Freundin wollte aber lieber noch einmal Station machen. So übernachteten wir in Arzúa. Am nächsten Morgen goss es wie aus Kübeln. So nah am Ziel war uns das allerdings egal. Jetzt wollten wir nur noch schnell ankommen. Doch der restliche Weg zog sich unerwartet in die Länge. Meine Parole »Nur noch dieser eine Berg« zog angesichts unzähliger Anstiege nicht mehr. Unsere Beziehung wurde auf eine weitere harte Probe gestellt.

In strömendem Regen kamen wir vor der Kathedrale von Santiago de Compostela an und fühlten uns wie Finisher bei der Crocodile Trophy. Im Büro des Pfarramts erhielten wir sogar eine Urkunde. Mit den gesammelten Stempeln in unseren Ausweisen hatten wir uns im Himmel einen Platz am Fenster erkämpft.

Unter den Ankömmlingen herrschte eine unvergleichliche Stimmung. Anders als bei den mir bekannten Zieleinläufen war eine ganz besondere, sakrale Atmosphäre zu spüren. Jetzt bloß nicht ausfallend jubeln oder blasphemisch werden! Da wären wir unangenehm aufgefallen. Viele Wanderer hatten wir unterwegs schon ein paarmal getroffen. Chris aus Australien oder den alten Brasilianer mit seinen Sandalen. Ein Spanier, der zeitgleich mit uns in Santiago eintraf, war uns schon beim Start in Burgos begegnet. Er war unsere Strecke im selben Zeitraum zu Fuß gegangen! Also auch unter den Pilgern ging es um Geschwindigkeit. Vor unserer Rückreise legte ich noch für meine Patentanten beim heiligen Jakobus ein gutes Wort ein. Mehr konnte ich an dieser Stelle nicht für sie tun.

Zurück in der Zivilisation, bekamen wir wieder eine ganz andere Sorte von Problemen. Das bestellte Mietauto war nicht da. Für den Transport des Tandems reichte uns eben kein Twingo. Auf der Rückreise ging uns der Sprit aus, und es gab einfach keine Tankstelle weit und breit. In Burgos fanden wir schließlich an unserem Ausgangshotel keinen Parkplatz. Mit was für simplen Sorgen hatten wir dagegen in den zehn Tagen unserer Reise zu tun gehabt. Es ging um trockene Kleidung, nasse Füße, Hunger und Muskelkater. Der Alltagsstress jetzt war nur nervig.

Ich hatte gehofft, meine Freundin mit dieser Tour für den Radsport zu begeistern. Im Windschatten hätte sie jede RTF mit mir fahren können. Aber ich konnte sie lediglich zu einer gemeinsamen Teilnahme auf dem Tandem am Bike-Marathon in Willingen überreden. Mit Startnummer 725 fuhren wir ein ordentliches Rennen. Die Anfeuerungsrufe von Kindern, »Frauenpower!«, fand sie zwar gut, aber selbst die kostenlose Fangopackung konnte sie zu keiner weiteren Teilnahme animieren. Das Tandem wurde danach nur noch ganz selten benutzt.

30. Etappe

Ötztaler

Rund 5500 Höhenmeter sind beim Ötztaler Radmarathon zu bewältigen. Das ist eine größere Höhendifferenz als die vom Basislager auf den Mount Everest. Und dort steigen die Jungs nur auf einen einzigen Berg. Die meisten Bergsteiger benötigen dafür vier Tage. Der Ötztaler dauert nur einen Tag und führt über vier Berge. Kühtai, Brenner, Jaufen und Timmelsjoch. Nicht zu vergessen der letzte Gegenanstieg zur Zahlstelle der hochalpinen Mautstraße oberhalb von Zwieselstein. Von diesem fünften Anstieg werden jedes Jahr viele Radfahrer unangenehm überrascht, und allein hier spielten sich schon mehr Dramen ab als am Südsattel des Everest.

Im Himalaya war die Luft zwar im Vergleich gefährlich dünn, aber ich geriet bei meinen insgesamt fünf Ötztaler-Marathons jedes Mal spätestens am Timmelsjoch in nicht unerhebliche Sauerstoffnot. Als ich das erste Mal antrat, war es noch möglich, sich im Startblock aufzustellen, wo man wollte. Startort war in jenem Jahr das Dorf Steinach am Brenner. An den Seiten des Startbereichs waren Tafeln angebracht, auf denen die angepeilten Zielzeiten standen. Damit man sich gleich an den richtigen Mitfahrern orientieren konnte.

Ich stellte mich erst bei »10 Stunden« auf. Nach ein paar Minuten dachte ich, dass ich bestimmt schneller sein könnte, und rückte weiter nach vorne. Die Typen, die dort standen, sahen mir ebenfalls nach zu wenig aus. Ich rückte noch mal vor. Bis ich schließlich ganz vorne neben Maurizio Fondriest, dem ehemaligen Straßenweltmeister, stand. Meinen Plan hatte ich kurzfristig vom simplen Durchkommen auf Sieg geändert.

Nach dem Start um sechs Uhr morgens ging es zügig hinauf auf den Brenner. Ich hielt mich spielend leicht in den ersten Reihen der Spitze auf, bis ich oben am Pass einbrach und den Rest des Tages die insgesamt 238 Kilometer lange Strecke über die drei weiteren Pässe auf dem Zahnfleisch fahren musste. Dabei wurde mir glaubhaft das Gefühl vermittelt, bis ans Ende des gesamten Feldes durchgereicht zu werden.

Meine Strategie musste ich deswegen noch mal überdenken. Ankommen hieß jetzt die Devise. Um Zeit reinzuholen, beschloss ich, an den Verpflegungsstellen nicht anzuhalten. Diese Haltepunkte, an denen es außergewöhnlich gute Leckereien gab, heißen in Österreich »Labe«. Der blöde Name war ein weiterer Grund, weshalb ich dort zügig vorbeifuhr. Der letzte Berg war in jenem Jahr das Kühtai, wo die ersten Rennfahrer bereits abgestiegen waren,

SÖLDEN
2141

Saeco

um zu schieben. Ich hing in der 18-Prozent-Rampe und spürte keinen Fahrtwind mehr. Meine Trinkflaschen waren beide leer und mein Magen hing durch. Bis zur Passhöhe konnte ich nicht mehr warten. Ich legte mein Rad auf die Seite und kletterte runter zu einem Bergbach, um zu trinken und meine Flaschen zu füllen. Wie idyllisch es hier war. Beinahe vergaß ich das Rennen.

Der Rückweg zur Straße, den steilen Abhang über dicke Felsbrocken hinauf, gestaltete sich in den glatten Radschuhen äußerst schwierig. Immer wieder rutschte ich aus und kam nicht mehr von der Stelle. Oberhalb von mir konnte ich die anderen Teilnehmer auf ihren Rennrädern vorbeikriechen sehen. Die hatten es gut. Auf allen vieren krabbelnd, arbeitete ich mich langsam zur Fahrbahn zurück. Mit einem Rennen hatte das alles nichts mehr zu tun, obwohl mein Tacho in der Abfahrt nach Gries im Sellrain noch einmal über 100 Stundenkilometer anzeigte. Im Ziel wartete mein Bruder aus München auf mich. Er wollte mit mir noch eine Wanderung zu irgendeiner Dödelalm machen. Natürlich ging ich mit! Man musste sich ja schließlich auch um seine Fans kümmern. Abends konnte ich mich nicht mehr auf einen Stuhl setzen, weil meine Oberschenkelrückseiten, laktatgefüllt wie sie waren, keine Berührung mehr vertrugen.

In den Folgejahren setzte sich Sölden als permanenter Startort durch. Die Teilnehmerzahl stieg auf über 4000 Starter. Einen Platz bekam man nur noch über ein Losverfahren. Peter und Katja meldeten sich deshalb so wie viele andere provisorisch gleich doppelt und dreifach an.

Die Nacht vor dem Ötztaler war meist eine größere Qual als das Rennen selbst. Sie dauerte auch ähnlich lang, und meist fand ich keinen ruhigen Schlaf. Lieber wäre ich den Ötztaler zweimal gefahren, als einmal davor schlafen zu müssen. In der Nacht vor dem Rennen schüttete es einmal so sehr, dass man das Regengeräusch nicht mehr von dem durch den Ort fließenden Wildbach unterscheiden konnte. Einige meiner Teamkollegen legten sich nach dem Aufstehen gleich wieder ins Bett. Doch natürlich standen genug Jedermänner wie begossene Pudel startbereit auf der Hauptstraße von Sölden. Jedes Jahr erkannte ich mehr Gesichter. Meine Strategie aber blieb die gleiche wie immer.

Nach 32 Kilometern in Ötz hatte ich bei der ersten Zwischenmessung die drittschnellste Durchgangszeit aller Teilnehmer. Einige Rennfahrer waren wegen des starken Regens schon nach Hause umgedreht. Ich fuhr Seite an Seite mit Eberhard. Er meinte: »Schlimmer kann es nicht mehr kommen.« Doch ich musste ihn enttäuschen: »Doch, es kann kälter werden. Und dann schneit es.« Weiter oben blieb der Schnee bereits auf den Almwiesen liegen. Wir versuchten, der Kälte durch schnelles Fahren zu entkommen. Obwohl Eberhard vom letzten Samsonman noch eine Rechnung mit mir offen hatte, machten wir gemeinsame Sache. Am Timmelsjoch kam spärlich die Sonne raus. Eberhard zog sich während der Fahrt seine Regenjacke aus. Ein Ärmel verfing sich in seinen Speichen. Das wäre meine Gelegenheit zur Attacke gewesen. Aber ich wartete auf ihn wie Jan Ullrich auf Lance Armstrong in Luz Ardiden. Das war mein später Dank für seine Hilfe in der Bäckerei von Kierspe.

Viel ist mir von den anderen Teilnahmen nicht mehr in Erinnerung. Es ging nämlich nur noch darum, die eigenen Zeiten zu verbessern. Und tatsächlich labte ich mich auch an fast allen Labestationen. Am Timmelsjoch wurde zudem aus einem fahrenden Auto Red Bull in Dosen für den ultimativen Zuckerschub gereicht. Einmal gab es da einen auf der Straße liegenden Motorrad-Marshal, der trotz seines schweren Sturzes immer noch seiner Pflicht nachkam und alle vorbeifahrenden Radfahrer warnte: »Öööööl!«

Ich meldete mich im Februar an und schob den Ötztaler bis August als schwere Bürde vor mir her. In der Vorbereitungszeit wurde ich nicht selten von Albträumen geplagt, in denen ich zu spät zum Start kam, unzureichendes Material hatte oder mich nicht von der Stelle bewegte. Auf diese Weise musste ich den Ötztaler sogar mehrmals im Jahr fahren. In einem bestimmten Traum befand ich mich am Timmelsjoch in einer Spitzengruppe zusammen mit Rasmussen, Vinokourov, Eberhard, Cancellara, Osenberg und Stiefeling.

Schon bald stürzte Osenberg, weil er mit seinen Boxhandschuhen nicht zurechtkam.

Auf der Hälfte des Anstiegs verwandelte sich mein Fahrrad in eine Plastiktüte mit Aldi-Aufdruck. Dennoch kam ich ganz gut vorwärts, weil ich relativ bequem darin saß. Eberhard saß auf meiner Deutschlehrerin und fuhr ein starkes Rennen. Dann führte die Rennstrecke durch ein Hotel. Die Gänge waren klaustrophobisch eng, auf den Treppen fehlten viele Stufen, und die Ausschilderung war absolut ungenügend. Ich verlor den Kontakt zu den anderen, als Cancellara mit seinem E-Bike attackierte. Am Ortsschild von Sölden gewann Stiefeling den Sprint Royale knapp vor Vinokourov und Eberhard, die beide platte Reifen hatten. Als ich aufwachte, wurde mir klar, dass ich selber das Rennen hätte gewinnen können, wenn ich mich in den Hotelfluren nicht hoffnungslos in einer Schafherde festgefahren hätte.

Öfter habe ich mich per E-Mail wieder abgemeldet, um am nächsten Tag telefonisch die Stornierung zurückzunehmen. Ich möchte nicht wissen, was Frau Klotz am anderen Ende der Leitung von mir dachte. War ich wohl der Einzige, der sich so verhielt? Einmal, als ich kurz davor war, abzusagen, motivierte mich Teamkollegin Eva, die ebenfalls angemeldet war, dieses Highlight bloß nicht zu verpassen. Klar, geteiltes Leid ist halbes Leid. Der Ötztaler war bestimmt das anstrengendste Event, das ich kannte. Trondheim war ein Spaziergang dagegen. Nur auf der Brennerstraße gab es Windschatten, ansonsten war der Ötztaler eher ein Einzelbergzeitfahren. Der Glückshormonschub, der meinen Körper jedes Mal im Ziel durchfuhr, war unbeschreiblich. Der schönste Moment war immer, wenn es vorbei war.

Als wir abends vom Essen aus der Pizzeria kamen, hörten wir ein Geräusch wie eine amerikanische Polizeisirene. Es war der Besenwagen, der mit Blaulicht und jaulendem Digitaldreiklang den letzten Fahrer des Tages ins Ziel begleitete. Der arme Kerl wurde bestimmt schon seit mehreren Kilometern auf diese zutiefst erniedrigende Art und Weise vor dem dröhnenden Besenwagen hergetrieben.

Noch am selben Abend fuhren wir mit dem Auto durch die Nacht wieder nach Hause. Vereinskollege Marc griff ungeniert zu Dopingmitteln. Er schluckte eine Extraportion Koffein, setzte sich hinter das Steuer und mich am frühen Morgen vor meiner Haustür ab. Bis nächstes Jahr!

ANGERIE-PATISSERIE
Evelyne et Thierry Leyris
Tél. : 04.90.74.54.91

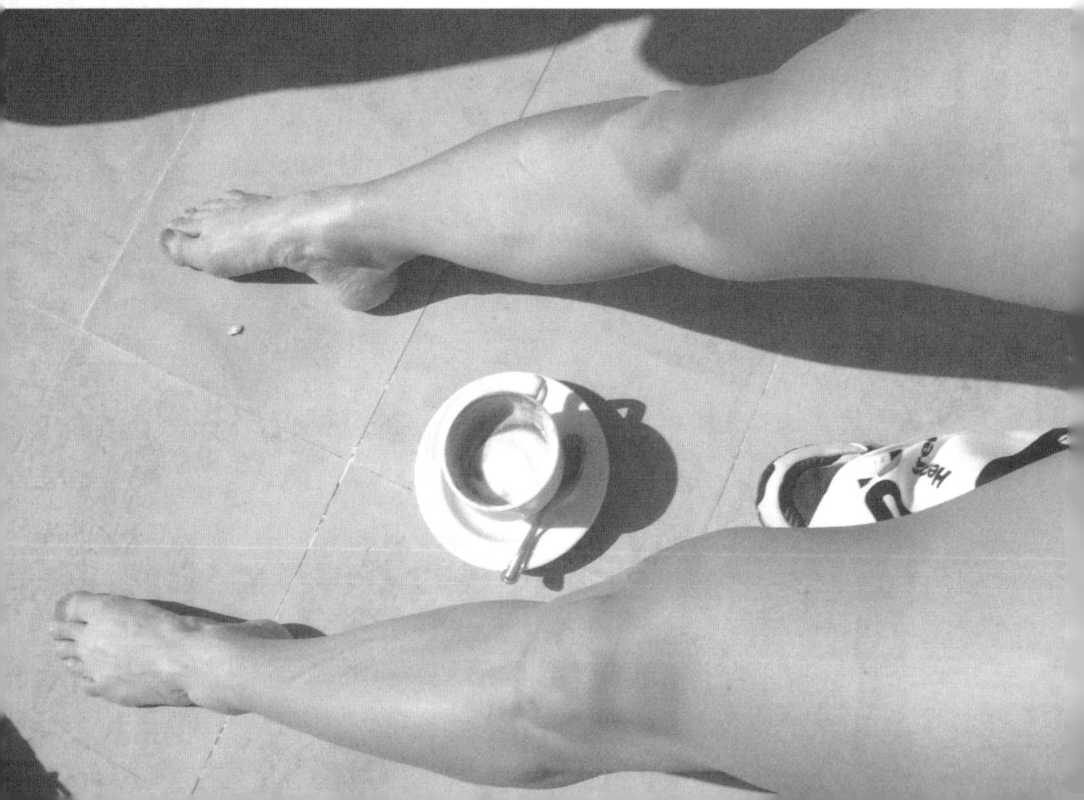

31. Etappe

Doping

Im Chemieunterricht habe ich nie aufgepasst. Lehrer Knopp habe ich verachtet. Ich hatte in Chemie sogar mal eine Sechs im Zeugnis. Deshalb hielt ich, als meine Freunde vom Radexpress das erste Mal über ihre Werte sprachen, Laktat für die Säure in den Akkus ihrer Lupine-Lampen. In Biologie war ich auch mies.

Am Start eines Rennens sah ich, wie Alberto neben mir eine Aspirin schluckte. Ich sagte: »Wenn du Kopfschmerzen hast, solltest du das Rennen besser nicht fahren!« Von anderen Fahrern hörte ich, dass sie noch stärkere Schmerztabletten zu sich nahmen. Voltaren kannte ich. Meine Mutter nahm es, wenn sie starke Hüftschmerzen hatte. Zur besseren Verträglichkeit musste sie sich zusätzlich noch eine Magentablette einwerfen. Und das brauchte man jetzt zum Radfahren? Pharmazeutische Leistungssteigerung hätte aus meinem Mittelmaß ohnehin keinen Siegfahrer machen können. Vielleicht fehlte mir der Mut, irgendwelche Pillen auszuprobieren? Früher war ich zu feige gewesen und hatte nie Marihuana geraucht. Natürlich blieb mir dadurch eine bewusstseinserweiternde Erfahrung verwehrt. Trotzdem behaupte ich, ein glücklicher Mensch geworden zu sein.

Ich kann kein Blut sehen und gehe wie alle Männer ungern zum Arzt. Mein Doping bestand aus einem Cocktail von Endorphinen, Serotonin und Adrenalin aus körpereigener Herstellung, umspült von einer mittelgroßen Apfelschorle ohne Eis. Ich fühlte mich gut dabei. Und es kostete mich nichts außer ein bisschen körperlicher Anstrengung. Wenn mir etwas nicht gut schmeckte, griff ich während eines Rennes ohnehin zu spät zum Nachschub. Powergels brachte ich oft unangerührt wieder mit ins Ziel, weil sie mich geschmacklich an Flüssigseife erinnern. Auf der Fahrt damals von Trondheim nach Oslo hatte ich unterwegs drei Tüten Gummibärchen in mich reingestopft. Lecker!

Hinauf nach Alpe d'Huez machte ich einen Selbstversuch. Ich fuhr die 21 Kehren hoch und stoppte meine Zeit. Marco Pantani war nur 17 Minuten schneller gewesen als ich. Ich sah daher keine Notwendigkeit, meine Leistung weiter steigern zu müssen.

Wegen einer Hausstauballergie benutze ich regelmäßig zu Beginn der Heizperiode ein Asthmaspray. Das hat tatsächlich immer schnell gewirkt. Aber schneller Rad fahren konnte ich nach der Einnahme bestimmt nie. Obwohl mir Horst bei meinen Kuppensprints gerne unterstellte, ich sei wohl gerade erst durch eine Wolke Asthmaspray gefahren.

Eines Tages traf ich Osenberg. Er hatte juckenden Ausschlag im Gesicht und sich an einigen Stellen blutig gekratzt. Offenbar hatte er das Kleingedruckte seiner Nahrungsergänzungsmittel nicht genau genug studiert. Nein, von solchen Medikamenten wollte ich unbedingt die Finger lassen. Osenberg behauptete, alle, die schneller waren als er, seien gedopt. Das behauptete ich aber auch von meinen Gegnern.

In der Gymnastikgruppe meiner Mutter nahmen einige der alten Damen ebenfalls Voltaren, um für die Turnstunde fit zu sein. Das Thema Doping beherrscht die ganze Gesellschaft. Aber genau so lächerlich, wie eine alte Oma, die mit Doping graziler Purzelbaum schlägt, fand ich es, sich zu manipulieren, um bei einem Rennen ein paar Sekunden schneller zu sein. Die Voltaren-Kapseln sind übrigens weiß/ortsschildgelb. Genau wie die Trikotfarben von meinem geliebten Radexpress. Zufall?

Neulich sah ich im Straßengraben so einen Medikamentenschuber, wie er im Krankenhaus den Patienten für die tägliche Ration gereicht wird. An den einzelnen Fächern stand: »Vor dem Start«, »Ausreißversuch«, »Finish« und »Urinprobenverschleierung«. Nein, das stimmt nicht. Das habe ich mir gerade ausgedacht. Könnte aber eine Geschäftsidee werden.

32. Etappe

Radkeller

»Komm bitte zum Essen!«, rief meine Freundin durch das Treppenhaus. »Ich komme gleich«, antwortete ich aus dem Fahrradkeller, um etwas leiser zu ergänzen: »Ich muss nur noch schnell einen Schlauch wechseln.«

Es war nicht so, dass ich nicht gerne mit meiner Freundin zusammen vor dem Fernseher oder am Esstisch saß, aber im Keller gab es immer etwas an den Rädern zu tun. Ich war zwar kein begnadeter Schrauber, dafür mit Hingabe ein umso größerer Putzer. Kette, Speichen, Felgen. Mein Auge blieb immer an irgendetwas hängen, was meinen Ordnungssinn störte. Fahrradpflege war eine Sisyphusarbeit. So verbrachte ich inzwischen, wenn ich schon mal zu Hause war, sehr zum Ärger meiner Freundin fast mehr Zeit im Radkeller als in der Wohnung.

Wie machten es eigentlich meine Radfreunde? Die hatten ja auch alle einen Radkeller. Manche hatten sich darin richtige Hobbywerkstätten eingerichtet, andere sogar so etwas wie einen Fahrradschrein.

Rainer zum Beispiel warf nie einen Fahrradreifen weg. Und wenn dieser noch so abgefahren war, man konnte ihn ja vielleicht später noch einmal gebrauchen. Zig alte Reifen ohne jegliches Profil hingen in seinem Keller an der Wand. Irgendwo hatte er einen Tuningtipp aufgeschnappt, der erklärte, wie man einen tollen Spikereifen erhält, indem man Spax-Schrauben in einen alten Reifen dreht.

Dani hängte all ihre zu Schrott gefahren Rahmen in ihren Fahrradschuppen. Sie war die Einzige von uns, die aufgrund ihrer zahlreichen Erfolge einen Sponsor hatte. Deshalb musste sie im Wettkampf weniger Rücksicht auf das Material nehmen als wir, und außerdem rüstete sie auch sehr gerne auf. Aber zu viele Erinnerungen hingen an den kaputten Rahmen, als dass sie diese hätte wegwerfen können.

Thomas setzte regelmäßig, sehr zur allgemeinen Freude seiner Mitbewohner, bei seiner Radpflege den gemeinschaftlichen Waschkeller komplett unter Wasser, was er aber für vollkommen normal hielt. Es sei ja schließlich ein Waschkeller.

Verena musste sich nicht um die Wartung ihrer Fahrräder kümmern, das überließ sie ihrem Freund Eberhard. Sie saß lieber vor ihrer eigens erstellten Excel-Tabelle und studierte ausgiebig die Statistiken, wann sie mit wem auf

welcher Ausfahrt welchen Schnitt gefahren war. Es gab auch eine Spalte für gutes Aussehen.

Eberhard hatte also nicht nur Material von zwei Personen zu betreuen, er hortete in seinem ohnehin schon sehr engen Radkämmerchen zudem viele edle Teile, die er saugünstig bei eBay ersteigert hatte, aber für die er eigentlich gar keine Verwendung fand.

Frank hatte von allen den ordentlichsten Radkeller. Total aufgeräumt und mit Teppichboden. Es sah eher aus wie beim Juwelier.

Cerny hatte ein ausgeklügeltes Diebstahlsicherungssystem an seiner Kellertür installiert. Man hätte sich als Einbrecher den Weg schon freisprengen müssen. In einem Banktresor wären seine Räder nicht sicherer gewesen.

Markus, so hörte ich, war von seiner Frau mit seinem Rollentrainer vom Wohnzimmer in den Heizungskeller verbannt worden, wo er im Winter neben dem bullernden Ofen stundenlang strampelnd an die weiß getünchte Wand starrte, während ihm der Schweiß aus allen Poren lief. Ich wusste gar nicht, dass er eine Frau hatte. Markus kannte ich nur mit Helm auf dem Kopf.

Horst sammelte in seiner Garage seine Radpokale. Die unterschieden sich in ihrer materiellen Wertigkeit allerdings für mein Auge nicht von den Preisen, die meine Neffen beim Bobbycar-Rennen gewonnen hatten. Stolz wie Oskar war er trotzdem. Es fehlte nur noch, dass er mit der Fernbedienung jedes Mal das Tor öffnete, wenn jemand vorüberging, um die staunende Bewunderung in den Gesichtern der Passanten zu genießen. Aber so durchgeknallt war er dann doch nicht.

Osenberg soll angeblich mal nach einer RTF mit Radschuhen an den Füßen in seinem Keller übernachtet haben, weil er vor Unterzuckerung nicht mehr die Treppe hochkam. Seine Frau hatte abends noch beim Veranstalter der Radtouristik angerufen, aber weil seine Teilnehmerkarte im Ziel wieder abgegeben worden war (es fehlten allerdings zwei Kontrollstempel), fühlte sich der Verein nicht zuständig. Die Polizei wollte erst am nächsten Morgen etwas unternehmen, doch da kam Osenberg bereits wieder aus seinem Radkeller gekrabbelt.

Florian hatte nur eine Studentenbude. Sein Rennrad und das Mountainbike parkten direkt neben seinem Bett. Und natürlich noch ein bisschen Ersatzmaterial. An einem kalten Winterabend stellte er sein Bike an die Heizung, duschte und ging dann ins Bett. Im warmen Zimmer taute die gefrorene Kuhscheiße am Unterrohr während der Nacht auf und verströmte einen betörenden Moschusduft, von dem seine WG-Mitbewohnerinnen noch heute schwärmen.

In meinen Anfangsjahren wurde mir einmal ein Mountainbike geklaut. Aber nicht wie Eberhards Fully aus dem Keller, sondern vom Hof bei meinem Arbeitgeber in Unterbarmen. Ich hätte nie gedacht, dass sich ein Dieb auf das Gelände trauen würde, und habe deswegen das Bike dort auch nie abgeschlossen.

Es war ja auch cooler, wenn man direkt aufsteigen und losfahren konnte. Das fand der Dieb sicher auch. Jedenfalls guckte ich ganz schön blöd, als es am Feierabend nicht mehr dastand, und vermutete zunächst einen Scherz der Kollegen. Später erinnerte ich mich daran, dass tagsüber in der ansonsten eher ruhigen Straße ein Auto ziemlich vehement gehupt hatte. Wahrscheinlich war das der Moment gewesen, in dem sich der Dieb auf dem Rad mit Fluchtgeschwindigkeit entgegen der Fahrtrichtung durch die Einbahnstraße davonmachte.

Ich ging zur Polizeidienststelle, um den Diebstahl zu melden. Dabei gab ich jeden kleinen Kratzer an dem Rad zu Protokoll. Obwohl der freundliche Beamte alles aufmerksam notierte, war doch eigentlich klar, dass die Polizei niemals danach suchen würde. Und es auch nicht finden würde, selbst wenn man sie mit der Nase drauf gestoßen hätte. Der Polizist bekam aber plötzlich einen Einfall. Es war doch gerade erst ein schwarzes Mountainbike gefunden worden! Sie hatten es aus der Wupper gefischt. Allerdings war das stolz vorgeführte Rad ein billig ausgestattetes Stevens anstatt meines hochwertigen Centurion. Der Polizist hatte eben wohl nur die Farbe aufgeschrieben, oder was?! Ich hätte das angebotene Stevens eigentlich mitnehmen sollen. Besser als nichts. Aber ich war mir sicher, dass der Dieb aus der Nachbarschaft des Firmengeländes stammen und mich dort beobachtet haben musste. Insofern hatte ich die berechtigte Hoffnung, mein Rad lebend wiederzusehen.

In den Folgetagen suchte ich während meiner Arbeitspausen die Umgebung ab. Zwei Tage später entdeckte ich in einem Hinterhof tatsächlich meine auffällig leuchtenden roten Reifen. Zwei Jugendliche mühten sich ab, einen Platten zu reparieren. Sie hatten innerhalb so kurzer Zeit den Hinterreifen bis auf die Karkasse runtergebremst. Erst wurden sie frech, als ich ihnen eröffnete, dass ihr Fahrrad eigentlich meins sei. Sie drohten sogar mit ihrem großen Bruder, dem das Rad nämlich in Wirklichkeit gehöre. Aber als ich das Wort »Polizei« erwähnte, waren die Übergabeverhandlungen schnell abgeschlossen. Die beiden Halbstarken rückten sogar noch den Tacho raus.

Eigentlich waren sie mir ja sympathisch. Ein bisschen asozial zwar, aber immerhin interessierten sie sich wie ich für Mountainbikes. Ich hatte tatsächlich kurz den Gedanken, mit ihnen eine Alpentour zu fahren. Um ihnen zu zeigen, dass Ehrlichkeit sich lohnt. Und wie schön es in den Alpen mit dem Rad ist. Aber das ganze Sozialprogramm für diese Kriminellen hätte ich finanziell ja allein stemmen müssen. Nein, im Grunde war ich doch verärgert. Das geklaute Centurion war trotz des freudigen Wiedersehens ab dem Moment auch nicht mehr mein Freund. Ich musste ein neues Mountainbike kaufen.

Oh, ich hatte ja ganz vergessen, dass ich zum Essen gerufen worden war. Aber jetzt, nachdem ich die Sattelstütze gefettet, endlich mal die neuen Flaschenhalter montiert, die Bremsbeläge gewechselt und ein neues Lenkerband gewickelt hatte, wollte ich nur noch schnell das Tachokabel ordentlicher verlegen und dann aber auch sofort hochgehen.

Als ich endlich in die Wohnung kam, lag meine Freundin bereits im Bett. Licht war auch schon aus. Na dann, gute Nacht.

Am nächsten Morgen war meine Freundin zu ihrer samstäglichen Shoppingtour unterwegs, als ich unter der Dusche zwei Zecken an mir entdeckte. Die hatte ich mir wohl am Vorabend auf der Mountainbikerunde durch das Unterholz eingefangen. Die beiden Blutsauger hatten sich im Genitalbereich festgebissen. Die eine Zecke hatte sich sogar in die »Spitze« gebohrt. Unglaublich, so ein Biest! Und äußerst unangenehm. Jetzt hätte ich die Hilfe meiner Freundin gut gebrauchen können. Aber vielleicht war es auch besser, dass ich diese heikle Operation nun selbst in die Hand nehmen musste. Von wegen Lupe und Pinzette. Nach allerlei Verrenkungen hatte ich die Zecken endlich entfernt und legte die beiden getöteten Viecher als Trophäen in einer kleinen Dose hinten links in meinen Radkeller.

33. Etappe

Velodrom

Nach dem Ende der Sommersaison hatte ich die Wahl zwischen zwei Arten von Wintersport. Zum einen weihte Horst den Radexpress mit Technikkursen in die Geheimnisse des Querfeldeinsports ein. Auf der anderen Seite gab es die verlockende Einladung, mit Frank und Eberhard in die Halle zu gehen.

Die Halle war eine Radrennbahn in Büttgen, wo wir von Oktober bis Februar unsere Runden beim freien Training drehen konnten. Wenn wir die Halle betraten, fuhren die ersten Gruppen schon im Renntempo an uns vorbei. Die hätten wir niemals mehr einholen können. Schließlich waren wir noch nicht einmal umgezogen. Aber im Oval der Bahn konnte niemand entkommen. Sollten sie sich ruhig schon müde fahren, wir würden es ihnen heute noch zeigen.

Wer kein eigenes Bahnrad besaß, musste sich bei Heinz, dem Hallenwart, ein Leihrad besorgen. Leihrad bedeutete zehn Euro pro Abend, das Anschrauben der eigenen Pedale, zeitaufwendiges Einstellen der Sattelhöhe und einen extrem ungemütlichen Sattel. »Sitzbeschwerden und eingeschlafene Genitalien sind beim Bahnsport obligat«, sagte Frank. Dann setzte ich mich das erste Mal im Leben auf ein Rad mit starrer Nabe und rollte langsam und ehrfürchtig die ersten Runden unterhalb der roten Linie. Die Steilwände sahen senkrecht aus. Wie war es möglich, dort nicht runterzufallen? Nach ein paar Minuten wurde ich mutiger und reihte mich in die Gruppe ein.

In der Regel gab es zwei unterschiedlich schnelle Trainingsgruppen gleichzeitig auf der Bahn. Eine fuhr auf der roten Linie und wurde ständig von der auf der oberen blauen Linie fahrenden Gruppe überrundet. Alle glaubten, dasselbe zu tun, fuhren aber vollkommen unterschiedliche Geschwindigkeiten. Weil sie aber die immer gleichen Runden drehten und beim Überrunden ständig aufeinandertrafen, entfernten sich die Schnellen nie wirklich von den langsamen Fahrern. Die Schwächeren fühlten sich dadurch absolut gleichwertig.

Es bestand jederzeit Sichtkontakt. Deshalb bekam man auch jeden Sturz mit. Meist schmierten die Fahrer wegen zu geringer Geschwindigkeit in den Steilkurven ab. Man konnte nur hoffen, dass dies nicht gerade über einem passierte. Denn die Gestürzten rutschten sofort nach unten und räumten dabei alles ab, was ihnen in die Rutschbahn kam. Auf den Holzdielen des Bahnovals holte man sich hübsche Verbrennungen in Form von Schürfwunden.

An einem Abend waren ein paar coole Typen am Start. Neue Gesichter. Sie waren voll auf der Fixed-Gear-Welle und trugen Klamotten aus den 1980er-Jahren. Diese Helden stellten jedoch nicht lange ein Sicherheitsrisiko für uns dar. Denn am Ausgang der Steilkurve knallte der Erste von ihnen hart auf das Parkett. Sein schicker Zeitfahrhelm bot seinem Kopf dabei wenig Schutz. Seine Freunde kegelten über ihn drüber. Sie hatten danach keine Lust mehr auf Bahnfahren und wurden nie wieder gesehen.

Es gab da eine gewisse Rivalität zwischen der roten und der blauen Gruppe. Diejenigen, die auf halber Höhe des Ovals Runde um Runde stur auf der blauen Linie fuhren, waren die Rennfahrer. In der roten Gruppe fuhren die Radtouristiker und Jedermänner. Bei jeder Überrundung wurden die Roten lautstark angebrüllt, damit sie keinen unvorsichtigen Führungswechsel vornahmen. Die Sprache war international, weil oft holländische Fahrer zum Training anreisten.

Auf der blauen Linie, die Connaisseure unter uns nannten sie auch »Côte d'Azur«, fuhr man beim Wechsel in der Steilkurve ganz nach oben, um sich mit dem Schwung der Abfahrt wieder hinten in die schnelle Gruppe einreihen zu können. Wenn ich lange genug konzentriert im Windschatten gefahren war, wusste ich oft nicht mehr, ob ich mich gerade auf der linken oder rechten Seite der Halle befand. Man fuhr so lange im Kreis, bis restlos alle weggeplatzt waren. Dann ging es von vorne los. Zwei Stunden lang.

An manchen Tagen holte Heinz das Derny raus und wir flogen mit über 55 Stundenkilometern in seinem Windschatten über das Bahnoval. Jetzt begriff ich, warum die Kurven so steil angelegt waren. Man bekam bei dem Tempo das Gefühl, von der Fliehkraft nach oben herausgeschleudert zu werden. Bahnfahren war gefährlich. Wir hatten keine Bremsen und mussten uns immer auf das Fahrkönnen der anderen Radsportler verlassen.

Als wir aus der Dusche kamen, drehten einige Unentwegte immer noch einsam ihre Runden. Diese Fahrer hatten offenbar keine Freundin, die zu Hause auf sie wartete.

Die Alternative waren die Crossabende mit dem Radexpress. Die frische Luft und das Draußensein gefielen mir besser als die Eintönigkeit der geschlossenen Halle des Sportforums Büttgen. Mit unseren Crossern trafen wir uns vorzugsweise zu später Stunde auf einem beleuchteten Kinderspielplatz und fuhren unseren Parcours ab.

Es ging zuerst über den gepflasterten Parkplatz. Kurz vor dem offenen Sandkasten überholte ich Rainer und setzte mich vor ihn. Das Treten durch die weiche, tiefe Sandfläche in der Größe eines halben Beachvolleyballfeldes kostete unglaublich viel Kraft. Es folgte die kleine Treppe mit den fünf Stufen. Horst war schon abgesprungen und nahm die Treppe mit geschultertem Crossrad in zwei Schritten. Als ich nach ihm um die Ecke bog, trampelte er schon in einiger Entfernung durch eine kleine Buchsbaumhecke. In der dunklen Ecke hinter der Turnhalle stürzte ich wie immer über den Kantstein und fiel auf den matschigen Rasen. Dani und Markus konnten mich überholen. Zwischen der Kinderschaukel und der Wippe gab es keine Möglichkeit zum Gegenangriff. Erst hinter den Spielhäuschen konnte ich es noch einmal versuchen. In ein paar engen Kurven folgten wir dem schmalen Plattenweg, dann ging es schräg über eine Wiese hinter der großen Kinderrutsche vorbei. Sprung über einen Cotoneaster mit Landung im Rosenbeet. Horst war schon wieder im Sandkasten und baute seinen Vorsprung kontinuierlich aus. So ging es in die nächste Runde.

Als ich zum wiederholten Male Hundescheiße an Unterrohr und Sattelstütze fand, hatte ich keinen Gefallen mehr am Crosssport. Ich sehnte nur noch den nächsten Sommer herbei.

Leverkusen
Fettehenne

34. Etappe

Vollprofi

Inzwischen bezeichneten mich meine zivilen Freunde als extrem. Meine Radkumpels nannten mich mangels großer Erfolge einen Hobbyfahrer. Ich selbst hätte mich als ganz normalen Extremhobbyradfahrer beschrieben. Oder kurz: Vielfahrer.

Für die kommenden Monate erhielt ich meine Bezüge von der Agentur für Arbeit. Die letzte Firma ging in die Insolvenz und ein neuer Arbeitsvertrag begann erst in einem halben Jahr. Jetzt hatte ich viel Zeit. Zeit, das zu tun, was ich schon immer tun wollte. Jeden Tag auf dem Rad sitzen, von morgens bis abends. Mein Job bestand nun aus nichts anderem mehr als Fahrrad zu fahren. Ich hatte es geschafft. Ich war jetzt ein Profi.

Meist stand ich pünktlich um acht Uhr auf der Straße und fuhr dann mindestens eine dreistellige Kilometerdistanz. Bei Schlechtwetter passte ich den Startzeitpunkt der Witterung an. Einmal die Woche kam eine osteuropäische Putzfrau zu uns, die meine Freundin engagiert hatte. Wegen meiner Arbeitslosigkeit auf Zeit wollten wir ihr nicht kündigen. Aber ihr bei der Arbeit zugucken wollte ich auch nicht. Wenn die Putzfrau morgens kam, stieg ich also immer aufs Rad. Frühestens drei Stunden später kam ich zurück. Das konnten auch mal drei kalte und total verregnete Stunden sein. Anschließend stellte ich mich in eine blitzblank geputzte Dusche und guckte mir meine krebsroten Füße an.

Als Fahrtziel dachte ich mir jeden Tag etwas Neues aus. In großen Radien machte ich meine täglichen Kontrollfahrten zwischen Niederrhein und Oberbergischem Land. Ich übte Schildersprints und fuhr zu Orten mit besonders klangvollen Namen wie: Hölzerne Klinke, Polnische Mütze, Fettehenne oder Faulebutter. Solche bescheuerten Schilder zählten im Wettstreit mit dem Radexpress nämlich genauso wie der letzte Ortsschildsprint des Tages doppelt.

Meine Freundin hatte sich einen anderen Partner für ihr Leben vorgestellt. Nicht jemanden, der damit zufrieden war, mit dem Rad durch die Gegend zu fahren. Eher einen Typen »mein Haus, mein Auto, mein Boot«? Zumindest wohl einen, der sich ausreichend Zeit für sie nahm. Ich hatte den Bogen in letzter Zeit offensichtlich etwas überspannt. Meine Freundin wollte meine Freude am Radfahren nicht mehr länger mit mir teilen. »Du musst dich entscheiden! Ich oder dein Fahrrad!« Drei Wochen später war sie ausgezogen.

Ich aß nun noch weniger und hungerte mich auf ein Minimalgewicht herunter. Und ich erweiterte die Länge der Tagesstrecken, weil ich 25 000 Jahreskilometer anstrebte. Der Radexpress ließ mir für meine Kuppensprints immer weniger Anerkennung zuteil werden. Es gipfelte schließlich, nachdem wir jahrelang unzählige Kilometer zusammen unterwegs gewesen waren, in der Aussage: »Du kannst gar nicht Rad fahren.« Am Tisch sitzend attackiert, isoliert und abgehängt. Ich war bedient. Alle doof!

Also suchte ich bei anderen Radgruppen Anschluss. Mit dem Lexxi-Team aus Köln fuhr ich zu einem Bergzeitfahren ins Siebengebirge. Ein kurzer steiler Anstieg auf den Drachenfels. Rainer war vor mir an der Reihe und fuhr anstatt rechts in den Berg erst mal links auf einen Parkplatz. Unsere Rufe hörte er im Rennfieber nicht, bemerkte seinen Fehler aber bald selbst. Die Uhr lief. Trotz dieses Malheurs war die Bergziege Rainer schneller oben als ich.

Im Anschluss an das Bergzeitfahren fuhren wir von Königswinter mit unseren Rennrädern zurück nach Köln. Es war später Abend und längst dunkel. Niemand hatte Licht dabei. Und dann fing es auch noch an zu regnen. Im starken Verkehr einer Bundesstraße fuhren wir unbeleuchtet um unser Leben. Für die Autofahrer waren wir kaum zu erkennen. Die Lichtreflexionen auf der nassen Fahrbahn erschwerten die Sicht zusätzlich. So wurde in der Dunkelheit noch ein Teamzeitfahren drangehängt. Am Ziel angekommen, sah ich in lauter nasse, aber glückliche Gesichter. Ich hatte meine neue Gruppe gefunden.

Im Dezember luden Judith und Alex das ganze Team zu einer Weihnachtsfeier nach Hürth ein. Das Lexxi-Team setzte sich aus Fahrern aus ganz Deutschland zusammen. Die meisten kamen allerdings aus dem Kölner Raum. Dennoch war ich der Einzige, der mit dem Rad zur morgendlichen Feier gekommen war. Die 70 Kilometer Anfahrt waren für mich keine Entfernung mehr. Viele bekannte Gesichter waren da, man unterhielt sich über die Erfolge der vergangenen Saison und schmiedete Pläne für das kommende Jahr. Bei allen möglichen Alpenrennen wollten wir gemeinsam an den Start gehen. Ich lernte Nina kennen, die wie ich zum Dolomiten-Giro wollte. Leider musste ich die Party früh verlassen, weil ich mal wieder ohne Licht unterwegs war und nicht unbedingt bei dem nebligen Wetter im Dunkeln nach Hause fahren wollte.

Wenn die Großwetterlage woanders als daheim ein Hochdruckgebiet bereithielt, folgte ich der Sonne wie ein Zugvogel. Über Weihnachten flog ich ein paar Tage nach Mallorca. Noch waren nur wenige Rennradfahrer auf der Insel unterwegs. Und weiter ging die Reise. Die Inversionswetterlage bescherte den Hochalpen oft tollen Sonnenschein, während das Tiefland unter einer dicken Nebeldecke steckte. Ich fuhr bei winterlichen Straßenverhältnissen über viele Alpenpässe. Besonders auf den Abfahrten war das ein gutes Fahrtechniktraining. Auf der Rückreise aus der Schweiz machte ich einen Stopp bei Nina in Heidelberg. Mit ihr und ihrer Sonntagsgruppe wollte ich ein Probetraining fahren. Normann Stadler gab das Tempo vor. Locker und flach.

Nach unserer zweiten Begegnung beschlossen Nina und ich, an Fasching gemeinsam eine Trainingswoche in Südfrankreich zu verbringen. Wir wohnten in einem romantischen Natursteinhäuschen bei Vaison la Romaine mit Blick auf den schneebedeckten Mont Ventoux. Der Himmel war fantastisch blau. Die knorrigen Rebstöcke waren ohne Laub, und große Starenschwärme flogen über unsere Köpfe hinweg. Einmal fuhren wir auf einer Abfahrt sogar mitten durch einen auffliegenden Schwarm hindurch. Ich dachte ja, wir würden jeden Tag dreistellig fahren. Aber Nina kannte noch andere Möglichkeiten, um sich besser kennenzulernen.

Nach dieser Woche zog ich Hals über Kopf zu Nina nach Heidelberg um. Jetzt fuhr ich meine täglichen 150-Kilometer-Runden durch die Rheinebene und bis ins Zabergäu. Durch den Umzug hatte ich plötzlich ein ganz neues Trainingsrevier. Die Orte, durch die ich nun kam, hießen nicht mehr Radevormwald, Silschede oder Ommerborn, sondern Vorderheubach, Ober-Schönmattenwag und Moosbrunn. Das klang ja schon nach etwas mehr Abenteuer.

Das feuchtkühle Bergische Land tauschte ich gegen den Kraichgau, die trockenste Gegend Deutschlands, und den schönen Odenwald. Im Odenwald gab es schon richtige Berge mit langen Steigungen. Den Königstuhl, die Himmelsleiter oberhalb von Hirschhorn oder den Hungerberg rauf zur Hirschquelle bei Heiligkreuzsteinach. Und die Region Bergstraße ist bekannt für ihr mildes Klima. Meine Gebete an die Madonna del Ghisallo waren erhört worden. Ich war im Radfahrerparadies angekommen.

Nina hatte schon einige Radrennen gewonnen, und ab jetzt fuhren wir zusammen zu den diversen Veranstaltungen. Ob in Gruyère oder Luxemburg, immer kam Nina aufs Podium. Was mir in meinen Palmarès fehlte, hatte Nina schon erreicht. So war die mehrfache Siegerin vom Henninger Turm früher auch bei Mailand–San Remo erfolgreich gewesen. Und nun konnte ich von ihr lernen, dass man ein Rennen erst auf den letzten Kilometern gewinnt. Und nicht bereits auf den ersten, wo ich in alten Zeiten als dummer Semiprofi so oft vergeblich die Entscheidung gesucht hatte.

uvex
RIDLEY
Radsport
EASTON

Schlussetappe

In Heidelberg änderte sich nichts. Außer dass die Schwebebahnen hier irritierenderweise auf der Straße fuhren und für mich ein erhebliches Verkehrsrisiko darstellten. Ansonsten ging radsporttechnisch alles genau so weiter wie bisher. Im Grunde wiederholte sich alles sogar. Es gab auch hier einen Sven, mit dem ich epische Mountainbiketouren fahren konnte. Er sprach allerdings einen gewöhnungsbedürftigen Dialekt, und mit ihm surfte ich die Trails nun »nuff« und »nunner«.

Sven rief mich an einem Dienstagabend im Januar an, ob wir gemeinsam auf den Weißen Stein fahren wollten. Draußen waren es unter 0 °C und in den letzten Tagen hatte es oben am Königstuhl geschneit. Ich holte Sven ab. Über Asphalt ging es in Richtung Heiligenberg. In einer scharfen Rechtskurve fuhren wir geradeaus an einer Schranke vorbei auf einen Waldweg. Immer bergauf. Unsere Atemluft waberte wie Nebel vor unseren Augen. Auf der Nordseite des Hangs war der Waldboden gefroren. Langsam knirschten wir mit unseren Stollenreifen Höhenmeter um Höhenmeter in der klaren Winterluft bergauf. Nun lag auch an den Wegrändern ein wenig Schnee. Je weiter wir kamen, desto geschlossener wurde die Schneedecke im Wald. Inzwischen war auch unser Weg unter einer dünnen weißen Schicht verschwunden. Aber nur in der Mitte. Links und rechts hatten die Autoreifen des Försters zwei freie Fahrspuren hinterlassen, auf denen wir uns jetzt fortbewegten. Bald war der Weg jedoch komplett von Schnee bedeckt, darunter versteckte sich eine spiegelglatte Eisfläche. Mit den Augen eines Eskimos mussten wir die Oberfläche scannen, um eine Spur mit möglichst guter Traktion zu erwischen und nicht wegzurutschen. Der Druck auf die Kurbel durfte nicht zu stark sein, damit die Reifen nicht durchdrehten.

Der Schnee lag immer höher. Mühsam wühlten wir uns vorwärts. Es war längst klar, dass eine Abfahrt über diesen Weg nicht möglich sein würde. Die Steigung ließ nun nach. Um uns herum stand der Wald wie in Schockstarre. Durch Tiefschnee erreichten wir das Gasthaus oben am Weißen Stein. Es gab nur unsere Spuren. Umkehren kam nicht infrage! Unser Plan war nun, zur Autostraße ins Peterstal zu wechseln. Dort müsste die geräumte Straße gut fahrbar sein.

Aber schon wenige Meter hinter dem Gasthaus bemerkten wir, dass wir uns auf einer riesigen Eisbahn befanden. Ein Wunder, dass wir noch nicht gestürzt waren. Wegen der Dunkelheit hatten wir das Eis anfangs für Schnee gehalten, nun erkannten wir die Situation schlagartig. Gaaanz vorsichtig bremsten wir die Bikes ab. Wir mussten absteigen und schieben. Mehr schlecht als recht kamen wir zu Fuß weiter. Bei jedem Schritt rutschten wir aus und klammerten uns an den Bikes fest. Die Situation war total bescheuert. Wir saßen im Wald fest und kamen kaum noch vorwärts. Zu Hause warteten unsere Frauen auf dem gemütlichen Sofa auf uns, und wir wussten nicht einmal mehr, wie wir den nächsten Schritt machen sollten. Unsere Lage war so komisch, dass wir uns halb totlachten.

Für zwei Kilometer brauchten wir eine Ewigkeit. Würden wir je wieder nach Hause kommen? Dann erreichten wir die gestreute Straße und sausten ins Tal. Der Fahrtwind war eiskalt. Der Windchill-Faktor ließ die Temperatur auf gefühlte -50 °C absinken.

Schließlich waren wir wieder unterhalb der Schneegrenze und bogen durchgefroren in einen Waldweg ab. Der kräftige Lichtstrahl von Svens Hope 4 wurde nun nicht mehr vom gleißenden Weiß des Schnees reflektiert, sondern traf auf das satte Braun des Waldbodens. Was für ein Kontrast! Es tat richtig gut, auf den dunklen Boden gucken zu können. Wir holten uns noch schnell die übliche Matschpackung. Auf dieser 25-Kilometer-Tour hatten wir alle Facetten des Mountainbikens auskosten können. Freudestrahlend kamen wir zu Hause an. Das wollten wir ab jetzt öfter machen.

An einem warmen Tag im August fuhr ich mit Peter über Waldhilsbach auf den Königstuhl. Wir wussten, es könnte Regen geben. Kurz vor der finalen Abfahrt fing es an zu hageln. Die Blitze eines heftigen Gewitters schlugen nicht weit entfernt ein. Der Asphalt war nicht mehr zu sehen, nur ein weißer Teppich aus Hagelkörnern. In diesem Chaos fuhren wir mit schlotternden Knien, und die Bremsgriffe konnten wir kaum noch ziehen. Eine extreme Situation zwischen Spaß am Risiko und akuter Lebensgefahr, in der wir echt nichts zu suchen hatten. Das alles war mir ja nun nicht mehr ganz neu. Aber was hätten wir denn machen sollen?

Weil mein neuer Arbeitsweg sehr kurz war, fuhr ich frühmorgens vor der Arbeit eben einen Umweg über den Königstuhl oder eine flache Runde bis St. Leon-Rot. Und für die Mittagspause fand ich schnell eine schöne Runde über Ochsenbach. Nach wie vor wurden auch RTFs gefahren. Am Tag der 200 Kilometer langen Höllgrund-RTF war es so heiß, dass uns trotz Fahrtwind permanent der Schweiß auf der Haut stand. Und als Trainingspartner hatte ich wieder zahlreiche Verrückte um mich geschart. Jens war der Rekordhalter des Stoppomats am Königstuhl. Bernd und Oliver konnten auf große Erfolge bei 24-Stunden-Rennen zurückblicken. Florian war mein neues Derny und besaß vom

Nippelspanner bis zur Kettenpeitsche jedes Radwerkzeug. Er teilte mit mir die Ansicht, dass es einzig und allein entscheidend sei, schnell auszusehen.

Mit Olaf, dem Duathlonmeister, konnte ich genauso über die banalen Absonderlichkeiten des Radsports lachen wie früher mit Eberhard. Tom, der Ironman-Finisher von Hawaii. Die schnelle Jenny. Hanno, die Windmaschine. Björn, der Soulbiker mit dem edlen Topmaterial. Rolf, der Gelegenheitsfahrer mit den großen Reiseplänen. Die Raketen Lena und Tina. Der sprintstarke Alex. Der tempofeste Granfondo-Martin. Die junge Bundesliga-Fahrerin Elena. Ernst, der alte Rennfahrer. Jochen, der so elegant auf dem Rad saß und wie ich der Liebe wegen nach Heidelberg gezogen war. Hans, der Trainingsweltmeister mit den beeindruckenden Waden, die muskulöser waren als meine Oberschenkel. Und viele andere, die gerne locker und flach Rennrad fuhren.

Caren und Falk organisierten ein Radwochenende im Schwarzwald, wo kein Berg von Rang und Namen ausgelassen und täglich bis zum Umfallen gefahren wurde. Ich installierte die lockere Trainingsgruppe Team Neuenheim als Ersatz für den Radexpress. Und mein neuer Verein war jetzt der schnellste Radsportklub von Ladenburg. Die Radsport-Infrastuktur war also insgesamt dieselbe geblieben, es gab nur neue Namen.

Es muss an dem Hormonrausch gelegen haben, den ich meiner neuen Beziehung zu Nina verdankte, ich flog jeden Berg mit Leichtigkeit rauf und ließ den kompletten RSC beim steilen Anstieg hinter Mönchzell stehen. Das war das wahre Doping! Leider konnte ich mich nicht ewig auf Wolke Sieben halten. Frisch verliebt zu sein, hatte ich aber als Gefühl mit enormem Dopingpotenzial ausgemacht. Nie zuvor war ich dermaßen stark gefahren.

Unser nächstes Trainingslager verbrachten wir mit Heidelberger Freunden auf Sizilien. Ich war leicht angeschlagen durch eine Erkältung. Unser Guide führte die Gruppe nach Süden auf eine dunkle Regenwand zu. Die Route stand unabänderlich fest. Bis der Platzregen einsetzte. Dann erst kam das Kommando zum Umdrehen. Die Straße stand schon bald eine Handbreit unter Wasser. Wie Schnellboote zerschnitten unsere Vorderreifen die Wasseroberfläche. Der Straßenbelag war nicht mehr zu sehen. Ebenso wenig die vielen Schlaglöcher. Natürlich fing sich jemand einen Durchschlag ein. Die Reparatur dauerte nicht lange. Aber für meine Erkältung war das keine gute Therapie. Als wir am Hotel ankamen, konnten wir mit unseren kalten Fingern nicht mal den Schlüssel in der Zimmertür umdrehen. Unsere Zimmernachbarin Rike musste uns beim Aufschließen helfen. Sie musste uns sogar noch beim Ausziehen der engen Radklamotten zur Hand gehen. Wir waren total hilflos. Nur nach so einem Erlebnis weiß man eine warme Dusche richtig zu schätzen.

Als ich eines Abends in der Dämmerung mit dem Rad von der Arbeit nach Hause fuhr, sah ich eine alte Frau im Straßengraben liegen. Sie war, so vermutete ich, im Dunkeln von der Fahrbahn abgekommen und von ihrem Hollandrad gestürzt. Alleine konnte sie nicht aufstehen, weil sie noch halb unter ihrem schweren Rad eingeklemmt war. Eigentlich unterbrach ich meine Fahrten ja äußerst ungern, aber ich machte eine Ausnahme und half ihr auf.

Sie zitterte am ganzen Körper. Ich musste sie gut festhalten, damit sie nicht wieder umfiel. Einen Arzt? Nein! Ihr Mann? Bloß nicht, der durfte nichts erfahren. Wo wollte sie überhaupt hin? Die gute Frau wollte in die Kirche von Rohrbach zum Singen. Doch zuerst musste ich sie auf eine Bank setzen, bis ihr Kreislauf wieder stabil war. Ganz eindeutig war sie unterzuckert. Dass sich die Leute aber auch ständig auf dem Rad so verausgaben müssen. Vielleicht hatten ihre Gesangsschwestern sie zuvor brutal auf der Windkante aus den Schuhen gefahren? Ich gab ihr ein Stück Traubenzucker und begleitete sie weiter. Spätestens jetzt hielt sie mich für einen Engel. Vor ihrer Kirche setzte ich sie wie gewünscht ab. Als Dank wollte sie drei Vaterunser für mich beten. Ich zeigte mich großzügig und sagte ihr, zwei würden auch reichen.

Neulich ging ich zu Fuß über die Neuenheimer Neckarbrücke. Vom Ende der Brücke her war lautes Geschrei zu hören. Offenbar waren an der Ecke mal wieder ein Radfahrer und ein Fußgänger aneinandergeraten. Ein Pulk von Schaulustigen stand schon um die beiden Streithähne herum. Auch die Autofahrer mischten sich hupend ein. Da sah ich mitten auf der Brücke ein Auto mit offener Fahrertür langsam auf mich zukommen. Ich dachte zuerst, der Wagen wäre abgesoffen und müsste angeschoben werden. Aber als das Auto an mir vorüberfuhr, erkannte ich, dass niemand darin saß. Der Golf fuhr mutterseelenallein über die vierspurige Straße.

Noch 200 Meter, und er wäre vor eine Hauswand oder auf der Kreuzung in den Querverkehr gefahren. Ich lief hinter dem Auto her und stellte den Automatikhebel von D auf P sowie die Warnblinker an. Dann ging ich weiter zur Ecke, wo sich bereits zwei Lager gebildet hatten. Die Unterstützer des Radfahrers gegen diejenigen, die Partei für den Besitzer des herrenlosen Autos nahmen. Was war eigentlich passiert? Am Auto war kein Schaden zu erkennen gewesen. Der aufgebrachte Autofahrer hatte den eingeschüchterten Radfahrer am Kragen gepackt, und das Publikum schrie lautstark nach Polizei und Ausweisen und bezichtigte den Autofahrer der Körperverletzung. Erst fragte ich, wessen Auto ich da eben eigentlich davor bewahrt hätte, in den Neckar zu stürzen? Dann glättete ich mit der Souveränität eines routinierten Schlichters die Wogen, bis sich die Kontrahenten die Hände gaben. Im Verkehr muss man immer einen kühlen Kopf behalten.

Meine alten Freunde vom Radexpress kamen zum gegenseitigen Formcheck nach Heidelberg. Oder ich machte mit Nina den Gegenbesuch in die alte Heimat und zeigte ihr meine frühere Lieblingsstrecke zum Langenberger Sender.

Von den Ladenburgern lernte ich etwas Neues. Es wurde kontrolliert Doppelreihe gefahren. Die Strecken waren der Jahreszeit angepasst. Im Winter flach über den Rheindamm, im Frühjahr erste Hügel im Kraichgau und im Sommer die harten Anstiege im Odenwald. Es ging hier nicht mehr darum, jemanden abzuhängen. Wenn wir am Berg nach Oberflockenbach oder Gorxheimertal bergauf nach Ober-Abtsteinach schnell fuhren, drehten die Ersten oben wieder um und kamen den Verfolgern entgegen. Es wurde gewartet. Das hatte ich ja noch nie erlebt!

Das Radfahren in Heidelberg folgte einer schönen Gesetzmäßigkeit. Nachdem wir uns samstags regelmäßig vom RSC kaputt fahren ließen, bauten wir sonntags bei den Triathleten unser Ego wieder auf. Erst hier entdeckte ich meine wahre Stärke. Lange Berge waren mir immer zu anstrengend gewesen. Ich konnte mich nur kurz motivieren. Deswegen war ich früher zum Kuppenkönig geworden. Aber richtig gut war ich jetzt als Ortsschildsprinter. Schon bald galt ich als unschlagbar. Meinen Ruf hatte ich mir aber dadurch erarbeitet, dass ich im Anstieg bei Ritschweier einmal vorne aus der Sonntagsgruppe ausbrach. Ich fuhr einen großen Abstand raus. Doch bald war ich mir nicht mehr sicher, ob ich noch auf dem richtigen Kurs war und die anderen mir noch folgten. Ich drehte um und fuhr der Gruppe wieder entgegen. Sie dachten, ich wäre bereits zwei Kilometer weiter auf der Anhöhe gewesen. Vom Gegenteil konnte ich niemanden überzeugen, man hielt mich für einen Tiefstapler.

Längst war ich in meiner neuen Heimat etabliert. Ich war nun ein echter Heidelbiker.

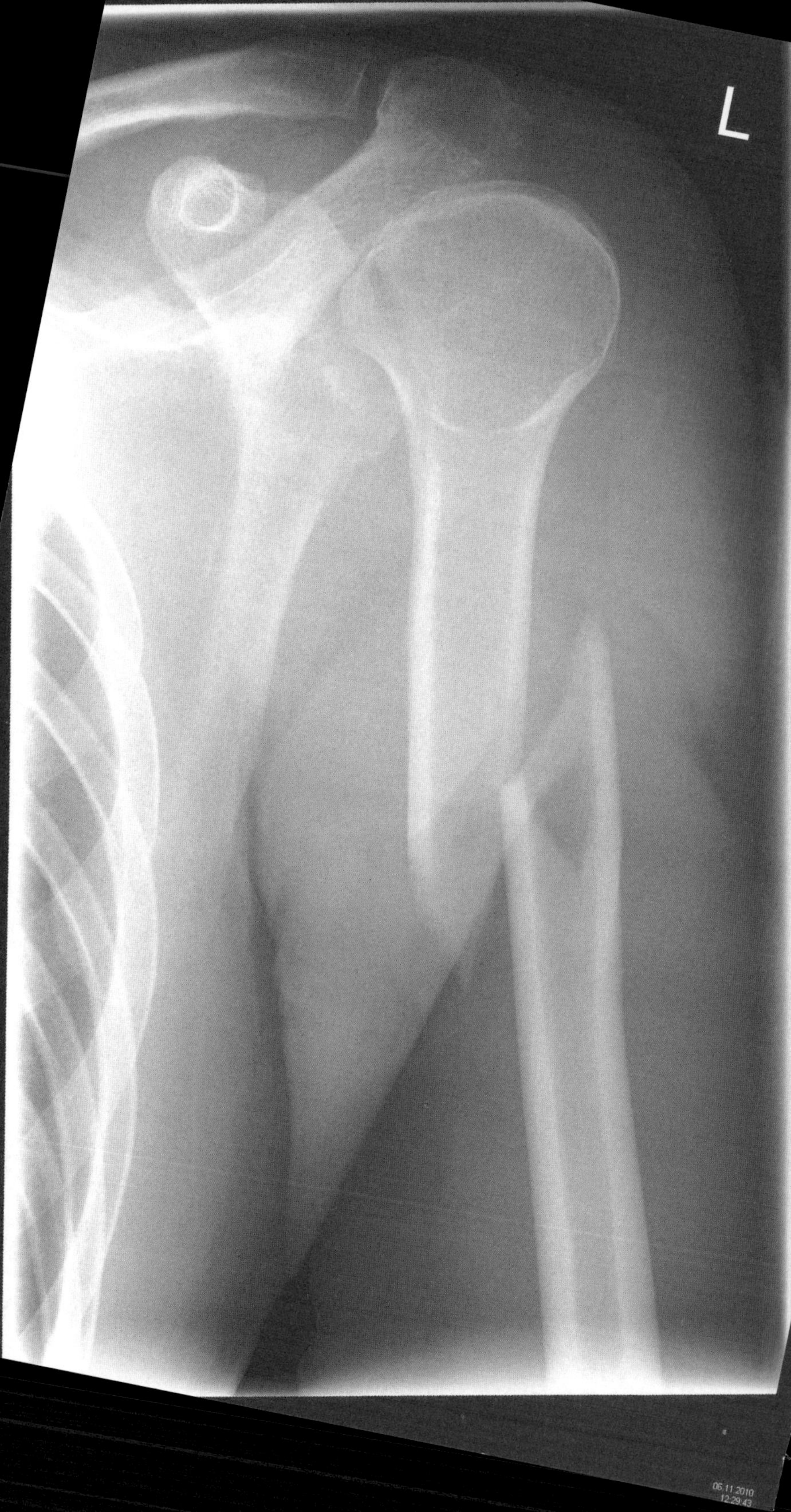
L
06.11.2010
12:29:43

Finale

Ich liege immer noch im Krankenhaus und denke ständig über den blöden Unfall nach. Die ganze letzte Saison bin ich sehr wild und risikoreich gefahren. Beim Odenwald-Bikemarathon wurde ich nur deshalb Dritter der Altersklasse, weil ich es bergab richtig krachen ließ. Und diesen Samstag waren wir wirklich nur locker und flach unterwegs gewesen. Vielleicht war ich nicht mehr konzentriert? Wir brauchten doch nur noch einen knappen Kilometer zu fahren bis nach Hause. Immer wieder wiederholt sich vor meinen Augen die Szene.

Auf der Neckarbrücke bleibe ich mit dem Vorderrad an einer nicht erkennbaren Längskante hängen. Ich versuche, irgendwie den Sturz zu vermeiden. Das Tempo beträgt nur 20 Stundenkilometer. Meine Begleiter sehen die gefährliche Kante auch nicht und rufen: »Was machst du denn da?!« Ich denke: »Ja, wie?! Was mache ich schon?! Ich fliege gleich blöd auf die Fresse.« Dann konzentriere ich mich wieder auf das Geschehen. Es ist erstaunlich, welche trickreichen Gesetze die Physik ins Rennen schickt, um das Recht der Schwerkraft zu verteidigen. Die gesamte Energie wurde um die Vorderradnabe in Richtung Erdzentrum gedreht. Schon befindet sich mein Schwerpunkt über dem Lenker. Wie Major Tom schwebe ich für Sekundenbruchteile völlig schwerelos durch die Luft. Dann kommt mir der Boden bedrohlich schnell entgegen. Ich lande kopfüber auf den schlecht verlegten Pflastersteinen und schlage böse mit der linken Schulter auf. Mit dem Rest der noch vorhandenen Energie schiebe ich mich auf dem Beckenknochen halb in ein nahes Gebüsch. Dann ist der Fall zu Ende.

Ich will mich wieder aufrappeln, im klaren Bewusstsein, dass die Schulter ein paar Tage lang schmerzen wird. Da sehe ich neben mir einen Arm liegen. Komisch, was liegt denn hier für ein Arm im Gebüsch? Dass dieser Arm aber in meinem Jackenärmel steckt, macht mich stutzig. Obwohl ich ihn nicht spüre, scheint es wohl meiner zu sein. Dem Winkel nach, in dem er absteht, kann er nur gebrochen sein. Schnell fasse ich ihn mit der rechten Hand und ziehe ihn mir auf die Brust. Das Adrenalin, das der menschliche Körper in solchen Situationen ausschüttet, behält seine Höchstdosierung nur für zwei bis drei Sekunden. Viel später hätte ich diese Aktion nicht mehr machen können. Mir wird schlecht.

Die ersten vier Passanten sind allesamt Mitarbeiter der Uniklinik. Man kümmert sich fachmännisch um mich. Die Chirurgie ist nur 500 Meter entfernt.

Sven sagt mir, am Rennrad sei nichts dran. Na, da habe ich ja richtig Glück gehabt. Der Kreislauf droht abzusacken, aber der Schmerz will mich nicht in eine gnädige Ohnmacht entlassen. So etwas Blödes aber auch. Wäre ich doch mit Olaf noch auf den Königstuhl gefahren, dann wäre alles anders gekommen.

Dann rumpelt der Rettungswagen den Bordstein hinauf und parkt fast auf meinen Füßen. Ich möchte meinen Rettern ein Stück entgegenrutschen, kann mich aber keinen Millimeter von der Stelle bewegen. Mit dem Gesicht liege ich unter einem Busch. Die Helfer kommen nicht richtig an mich heran. Dabei liege ich nur zwei Meter von der Straße entfernt. Zu sechst heben sie mich auf die Trage. Aufatmen, der erste Schritt wäre geschafft. Der Krankenwagen rumpelt mit mir quer über die Straßenbahnschienen. Mir tut jede noch so kleine Bewegung weh.

In der Chirurgie vermuten die Ärzte in der Notaufnahme, dass ich mir die Schulter ausgekugelt habe. Gerade erst ist ein anderer Radfahrer mit dieser Diagnose reingekommen. Ich kann hören, wie dem Radkollegen minutenlang ohne Narkose der Arm wieder eingerenkt wird. Werde ich gleich auch so schreien? Hoffentlich darf ich danach nach Hause gehen. Dann bin ich dran. Dem Röntgenarzt gebe ich sofort die klare Anweisung: »Trikot zerschneiden!« Bloß nicht bewegen. Als Diagnose kommt allerdings heraus, dass ich einen Spiralbruch des linken Oberarmknochens habe. Die komplizierte Operation können die Kollegen in der Orthopädie in Schlierbach besser. Zwei Sanitäter aus Sinsheim nehmen mich mit, weil sie sonst eine Leerfahrt hätten. Sie kennen sich aber in Heidelberg nicht aus. Ihr Navigationsgerät leitet uns fehl, und wir fahren durch eine verkehrsberuhigte Zone, wo ich bei jedem Poller aufschreie. Wenn ich gewusst hätte, dass es bis zur Operation fünf Stunden dauern würde, wäre ich vermutlich doch lieber in Ohnmacht gefallen.

Mir wird eine 25 Zentimeter lange Titanschraube in der Stärke eines Kugelschreibers von oben durch die Schulter in den Oberarmknochen gedreht. Nachdem ich aus der Narkose aufgewacht bin, denke ich sofort: »Gut, es ist vorbei!« Schmerzen habe ich auch keine. Vorerst nicht.

Natürlich hätte es schlimmer kommen können. Halbiert durch eine Straßenbahn etwa. Oder ein offener Bruch und Blut auf der Jacke. Aber bei 20 Stundenkilometern hätte ich auch mit einem glimpflicheren Ausgang rechnen dürfen. Was soll's? Jetzt ist es passiert. Vielleicht hat mir der Sturz auch das Leben gerettet? Im trüben November hätte ich während der Rushhour auch noch von einem Auto überfahren und getötet werden können. Der November ist doch die beste Zeit für solche Unfälle. Ich hatte also Glück!

Trotzdem möchte ich meinen Unfall nicht noch mal erleben. Das darf nie wieder passieren!

Da geht die Tür auf, und mein bei einem Autounfall verletzter Bettnachbar und ich bekommen einen weiteren Zimmergenossen. Hatte ich nicht Zweibettzimmer gebucht? An den bunten Radklamotten kann man sofort erkennen, um welche Art Unfall es sich bei diesem neuen Patienten gehandelt hat. Der arme Mann ist auf dem Weg zur Arbeit mit dem Rad auf nassem Laub ausgerutscht. Wer fährt denn im November im Dunkeln bei dem Wetter Fahrrad?? Eine halbe Stunde lag er im Regen, bis er entdeckt wurde.

Es ist jetzt bereits Mittag. Der Mann erzählt uns seine Geschichte. Er ist 60 Jahre alt. Kein Problem, meint er, er werde bestimmt bald wieder aus dem Krankenhaus entlassen. Gehen kann er momentan allerdings nicht. Da kommt der Chefarzt und erläutert ihm seine Situation. Ein komplizierter Kombinationsbruch von Becken und Hüfte. »Das ist unsere schwierigste Operation«, sagt der Professor noch zur Beruhigung, dann bleibt der neue Patient allein. Minutenlang sagt er nichts mehr. Der Schock sitzt tief. 18 Monate lang Krücken. Damit hat er nicht gerechnet. Bei mir war die Sache schon direkt nach dem Sturz klar. Ein Blick genügte, um den Schock sofort auszulösen.

Aber weder mit 60 Jahren noch sonst irgendwann möchte ich hier noch mal landen. Schon gar nicht mit einer Highend-Herausforderung an den behandelnden Arzt. Ich muss mit dem Radfahren aufhören! Hat sich doch gerade erst Hans das Schlüsselbein gebrochen, als wir hinter Muckensturm auf der Windkante fuhren und er an Peters Hinterrad hängen blieb. Immerhin konnte er selbstständig wieder aufstehen. Doch die Fahrt war für ihn beendet. Genauer gesagt ging sie für ihn und sein Rennrad auf dem Traktor eines Bauern weiter. Anton war vor Kurzem beim Einzelzeitfahren mit einem unvorsichtig über die Straße laufenden Streckenposten kollidiert, wobei er sich ganz dumm die Hand brach. Und Eberhard hatte es damals noch schlimmer erwischt. Er war frontal in die Windschutzscheibe eines unaufmerksamen Linksabbiegers geflogen und hatte nur knapp überlebt. Radfahren ist doch lebensgefährlich!

Aber irgendwie ist doch alles da draußen gefährlich. Im Alter von 18 Jahren überschlug ich mich einmal im kleinen Renault 5 meines alten Freundes und Stuntfahrers André. Als die Frontscheibe beim Überschlag zerbrach, war ich mir sicher, jetzt zu sterben. Das Auto drehte sich einmal herum und kam wieder auf den Rädern zum Stehen. Ich wusste nicht, ob ich tatsächlich noch lebte und ob ich verletzt war. Es war einfach nichts zu spüren. Wir waren aber unverletzt und schoben das Schrottauto zur Straße zurück. André fuhr mich sogar noch damit nach Hause. Im Grunde ist Autofahren ja noch viel gefährlicher als Radfahren. Da passiert laut Statistik erheblich mehr. Und mit meinem ökologischen Gewissen passt es auch nicht zusammen.

Als Vertriebsmitarbeiter fahre ich zu allen Terminen mit dem Rad. Bei den Kunden kommt das immer gut an. Mein Chef hat mir sogar einen Diensthelm

Tiefbauamt dort kein Warnschild aufgestellt? Oder mal die schlecht verlegten Kantsteine nachgebessert? Ich werde die altehrwürdige Stadt Heidelberg wegen Vernachlässigung ihrer Verkehrssicherungspflicht verklagen.

Die Prellungen im Oberkörper sind fast noch schlimmer als die Armverletzung. Ich kann nur flach atmen und darf nicht husten. Hoffentlich kommt kein Besuch, der mich zum Lachen bringen will.

Nach dem Unfall damals im Bombenkrater wollte ich so schnell wie möglich zurück aufs Rad. Jetzt ist es mir egal. Ich weiß nicht, ob ich jemals wieder auf ein Fahrrad steigen soll. Schon gar nicht, wenn Klickpedale dran sind. Wieso habe ich mich eigentlich nicht locker abgerollt. Bin ich zu alt? War ich zu verkrampft, weil ich nicht auf den Rücken fallen wollte?

Wenn ich Rad fahre, dann nur noch im Wald. Auf dem Mutterboden fällt man viel weicher. Außerdem gibt es keine Autofahrer, die einen umfahren. Ja, wenn, dann nur noch Mountainbiken. Aber wenn ich mir vorstelle, der Rettungswagen hätte nicht auf meinen Füßen, sondern erst am Fuß des langen Singletraildownhills vom Weißen Stein geparkt, dann hätten mich die Sanitäter endlos lange mit der wackeligen Trage über Stock und Stein schleppen müssen. Das wären ja nicht auszuhaltende Schmerzen gewesen. Überhaupt hätten wir am Handy nicht beschreiben können, wo wir uns befanden. Am dicken Baum links runter, wo wir immer langfahren, oder was?! Die hätten mich nicht gefunden. Hätte ich mich selbst bewegen können? Auf der Brücke konnte ich das jedenfalls nicht. Also doch lieber nur noch auf der Straße Rennradfahren. Da ist zumindest eine schnelle Rettung gewährleistet. Und wenn man selbst kein Handy bei sich trägt, kommt sicher bald der nächste Autofahrer, der eins in der Tasche hat.

Ich kann ja dem Radsport treu bleiben, aber auf die passive Seite wechseln. 24-Stunden-Rennen sind groß in Mode. Ich werde Organisator. Die Strecke könnte oben an der alten Nazi-Freilichtbühne starten und im Bogen bis zur Zollstockhütte führen. Bei jeder Rundendurchfahrt geht es an den voll besetzten Zuschauerplätzen der Thingstätte vorbei. Auf die Bühne könnte ich Tina Turner oder eine andere zugstarke Größe aus dem Showbusiness stellen. Wenn ich die Wild-Werke in Heidelberg als Sponsor gewinne, bekommt die Veranstaltung den Namen »Wild Thing«!

Olaf hat mir gerade Konstruktionspläne seiner neuen Idee gezeigt. Ein Liegeradkatamaran. Also lande ich doch beim Wassersport? Eine gewisse Affinität zum Wasser hatte ich schon immer. Ich könnte auch mit dem Schwimmen anfangen. Das ist bestimmt gut für den Rücken.

Vor Schmerzen kann ich nachts kaum schlafen. Ich starre die ganze Zeit auf die Ziffern der Digitaluhr und warte auf die Morgenschwester, die das Frühstück bringt. Und dann warte ich auf meine Physiotherapeutin, die meinen Arm minimal bewegt, während ich maximale Schreie unterdrücken muss.

Ich denke daran, dass wir Rennfahrer nie geholfen haben, wenn einer von uns im Wettkampf stürzte. Wir sind einfach Vollgas weitergefahren. Ob jemand aus der Verfolgergruppe angehalten hat? Wie lange bleibt man als schwer gestürzter Rennfahrer liegen, bis Hilfe kommt? Es tat so verdammt gut, dass Nina sich sofort um mich gekümmert hat, als ich auf dem Boden lag. Meist war es ja bei Stürzen, Unfällen oder Defekten während der Trainingsfahrten so, dass die Mitfahrer in einiger Entfernung zum Betroffenen (wenn überhaupt) warteten. Die Angst, sich irgendwie anzustecken, war wohl zu groß, als dass man in einer solchen Situation mit Sprüchen oder tatkräftiger Hilfe Unterstützung leisten wollte.

Eines weiß ich ganz sicher, so ein Radunfall darf mir nie wieder passieren! Und weil die Wahrscheinlichkeit eines Sturzes so verdammt hoch ist, muss ich endgültig mit dem Radfahren aufhören!

Ausrollen

Vorsichtig öffne ich ein Auge. Draußen vor meinem Fenster rieselt leise der Schnee. Heute steht meine Entlassung aus dem Krankenhaus an. Noch habe ich keine Idee, welche neue Sportart ich in Zukunft ausüben werde. Beim Joggen bekomme ich nach anderthalb Stunden Knie- oder zumindest Fußschmerzen. Vom Rad bin ich nach jeder noch so langen Strecke immer mit schmerzfreien Gelenken abgestiegen. Eigentlich fühle ich mich nur noch auf dem Fahrrad richtig jung. Wenn ich in die Pedale trete, bin ich leicht und unbeschwert. Im Fahrradsattel hatte ich vielleicht die schönsten Stunden meines Lebens. Der Radsport ist für mich das Geheimnis der ewigen Jugend.

Den Mitpatienten haben sie gestern Morgen zur OP abgeholt. Die Operation dauerte über sechs Stunden. Er ist immer noch auf der Intensivstation. Sieht so meine Zukunft aus?

Und was passiert eigentlich, wenn ich wieder auf meinen Arm stürze? Der Chefarzt hat gesagt, die Titanschraube solle für ewig drinbleiben. Ihm ist das Risiko einer erneuten Operation zur Entfernung der Schraube zu hoch. Das Schultergelenk sollte man nicht unnötig aufschneiden, meint er. Ich hatte sowieso schon Glück, dass beim Spiralbruch nicht der Nerv beschädigt wurde. Daran darf ich gar nicht denken. Also wie soll es jetzt weitergehen?

Unser nächster Urlaub in der Provence ist bereits gebucht. Das Luberon ist ein ideales Rennradrevier. Das weite flache Tal, die leichten Hügel um Bonnieux und in Richtung Norden die hohen Berge. Was sollen wir da anderes machen, als Rad zu fahren?

Nächsten Monat kann man sich schon wieder zum Ötztaler anmelden. Ich muss mich beeilen, die Startplätze sind schnell vergeben. Und wollte ich dort nicht noch die Acht-Stunden-Marke knacken?

Meine Schwester wohnt jetzt in Barcelona. Das wäre doch genau die richtige Entfernung für eine schöne Langstreckenfahrt.

Meine Passfotosammlung aus den Alpen ist auch noch nicht ganz vollständig.

Wozu habe ich beim RSC die Rennlizenz für die nächste Saison beantragt?

Wenn ich nicht zur RTF nach Lüdenscheid komme – was soll der Radexpress von mir denken?

Zur Veranstaltung La Marmotte über den Col de Galibier mit Ziel in Alpe d'Huez wollte ich im Juli fahren. Ich habe Florian schon eine Mitfahrgelegenheit versprochen. Wie soll der ohne mich dort hinkommen?

Findet kommendes Jahr nicht auch wieder Paris–Roubaix statt?

Wir hatten doch ein Trainingslager am Mont Ventoux geplant. Die ganze Organisation hängt an mir. Ich kann die anderen beim besten Willen jetzt nicht im Stich lassen.

Eine »Transalp 50« scheint mir auch nur logisch. Die Pyrenäen drängen sich da ja förmlich auf.

Die beiden kleinen Söhne von Sven fahren begeistert Mountainbike. Wenn ich die Jungs nicht mehr in den Wald begleiten will, wäre das eine herbe Enttäuschung für die Kinder.

Von seiner Idee, mich zur Teilnahme an der Rennrad-Transalp überreden zu wollen, wird Jochen bestimmt nicht ablassen. Schließlich braucht er einen gleichstarken Partner.

Und mit Nina wollte ich doch Seite an Seite auf den Puy de Dôme fahren, wie Jacques Anquetil und Raymond Poulidor.

Ich schlage die Bettdecke zurück. Ach du liebe Güte! Meine Beine sind ja schon ganz dünn geworden. Da muss ich sofort etwas tun. Aber noch habe ich sechs Wochen Zwangspause. Sobald ich jedoch zu Hause bin, werde ich erst mal den Rollentrainer mit meinem Rennrad im Wohnzimmer aufbauen. Und jeden Tag trainieren.

Das Fahrrad wird ein wichtiger Teil in meinem Leben bleiben. Aber um glücklich zu sein, muss ich jetzt nicht mehr so extreme Sachen machen. Ich habe nämlich das großartige Privileg, den Sport zusammen mit meiner Freundin ausüben zu können. Das Glück finde ich mit ihr auch auf kürzeren Ausfahrten. Wir geben uns gegenseitig eine Bestätigung, die ich früher auf mehreren Zigtausend Kilometern vergeblich gesucht hatte. Mir geht es gut. Und regelmäßiges Dehnen ist das A und O gegen Rückenschmerzen.

Sorge dich nicht, fahr Rad!

Siegerehrung

Und siehe da. Zehn Monate und 13 629 Kilometer später.

Ein vertrautes Gefühl. Ich bin zurück. Das alles hier ist mir nicht fremd. Die Kondition wurde die letzten Wochen kontinuierlich besser. Der Ausflug mit Eberhard nach Andermatt hat sich gelohnt. Die Rennform ist wieder da. Jetzt stehe ich im Mittelpunkt des Interesses. Die Sonne scheint mir ins Gesicht. Ich bin umringt von vielen Leuten. Die Zuschauer drängen sich zusammen, alle wollen mich sehen. Fremde Menschen fassen mich an und reden auf mich ein. Ein bisschen ist es mir zu viel. Es wird langsam Zeit, diese Bühne wieder zu verlassen. Ich blicke in einen strahlend blauen Himmel. Das kann ich, ohne den Hals zu verrenken. Denn ich liege auf der Straße. Der Asphalt ist angenehm warm. Ich höre die Sirene eines Krankenwagens näher kommen.

Wollen die etwa zu mir? Mein Kreislauf ist im Keller, als hätte mich der Wecker gerade aus der ersten REM-Phase gerissen. Eine Pulskontrolle wird durchgeführt. 30 Schläge. Na, super! Heute bin ich also gut drauf und könnte attackieren. Wenn die Schulter bloß nicht so wehtäte.

Wieso?
Eine lockere Fahrt zum Supermarkt. Nur zwei Kilometer, deshalb ohne Helm. Ich bin auch schon auf dem Heimweg zu Nina.
Wie aus dem Nichts taucht an einer kleinen unübersichtlichen Kreuzung plötzlich diese Radfahrerin auf. Sie schneidet die Kurve brutal und kommt auf meiner Fahrbahnseite genau auf mich zu. Sieht so aus, als wäre es eine Jederfrau vom Team Vatikan. Sie ist gekleidet wie die Schimpansen von Michael Jackson. Warum kann es keine attraktive Blondine mit ordentlicher Oberweite sein? Was jetzt? Es ist nicht klar, wohin sie ausweichen wird. Oder wohin ich ausweichen muss?! Sekundenbruchteile. Sie eiert weiter auf mich zu. Mein Rucksack mit den schweren Einkäufen macht die Sache nicht unbedingt einfacher. Es bleibt keine Zeit. Mir fällt der aufgebrachte Autofahrer ein, der im Steinachtal mit einem schweren Werkzeug Thomas den Helm auf dem Kopf zerschlug, dass die Zähne flogen. Jetzt habe ich keinen Spielraum mehr. Zusammenstoß unvermeidlich. Wir prallen aufeinander. Ich schreie: »Arschloch!«

Mir fällt ein, wie wir letzten Sonntag mit einer über 20 Mann großen Gruppe geschlossen eine rote Ampel überfuhren, und wie uns das Polizeiauto mit einem rot leuchtenden STOPP auf dem Dach überholte. Doch es gibt kein Stopp. Schon fliege ich. Die Frage ist jetzt, auf welche Seite werde ich stürzen? Auf die Titanschraube im gebrochenen Arm oder auf die Tossy-III-Schulter? Ich knalle auf den Boden. Tossy III gewinnt. Das Marmeladenglas zerbricht, das Kilo Tomaten wird zu Ketchup.

In erster Linie bin ich ärgerlich über den Fahrfehler meiner Unfallgegnerin, die natürlich nicht gefallen ist. Wohl weil sie ohne Clickies fuhr. Bei mir ist nur ein bisschen Blut am Ellenbogen. Und diese Gaffer. Ätzend! Ich will hier weg. »Nichts passiert!«, will mir aber keiner abnehmen.
Ein Anwohner spielt sich als Ersthelfer auf und hat eine rosa Decke, Schreibzeug für den Adressenaustausch und ein Erste-Hilfe-Set dabei. Er erzählt von den vielen Einbrüchen in seinem Viertel, wie schnell die Polizei sonst hier sei und dass es mal einen Einbruch mit Geiselnahme gab. Grotesk! Das alles muss ich mir unter einer rosa Decke liegend anhören.
Dann übernehmen die Profis. Die Sanitäter berichten mir von ihren wöchentlichen Einsätzen bei Radrennen und den vielen Stürzen und Knochenbrüchen. Wer will das wissen? Ich bekomme einen Verband um den Arm gewickelt und darf mit verbogenem Schaltwerk nach Hause radeln.

In der Nacht schwillt das Schultergelenk schmerzhaft an. Ich kann deshalb nicht schlafen. Dumm, denn am Abend konnte ich mit der leichten Verletzung noch eine kleine MTB-Runde mit Sven fahren. Meine Form ist nämlich momentan wieder sehr zufriedenstellend. Aber die für morgen geplante große Trainingsfahrt mit Florian und Jochen durch einen herrlichen Altweibersommer werde ich wohl streichen müssen.

Was soll ich dazu sagen?

Dazu fällt einem doch echt nichts mehr ein.

Erste Stimmen zu diesem Buch

»Mir kommt gleich die Galle hoch.«
Osenberg

»Wen interessiert denn das?«
Wayne

»Komm du mir mal nach Hause!«
Freundin

»Das wird doch kein Mensch glauben.«
Sven

»Ich hau dir in die Fresse!«
Neandertaler

»Es war alles ganz anders.«
Horst

»Wir kriegen heut noch Streit.«
Verena

»Mit dir fahre ich nie wieder.«
Florian

»Was ist jetzt mit dem Ötztaler?«
Eberhard

»Immer weiterfahren!«
Cerny